DE LA DIGNIDAD DEL HOMBRE

PICO DE LA MIRANDOIA

DE LA DIGNIDAD DEL HOMBRE

Con dos apéndices:
Carta a HERMOLAO BÁRBARO
y
Del ente y el uno

EDICION PREPARADA POR
LUIS MARTINEZ GOMEZ

EDITORA NACIONAL
Torregalindo, 10 - Madrid-16

© de la presente edición
del 2025:

Editorial Gráficas Maxtor
Fray Luis de León, 20
47002 Valladolid (España)
+34 983 090 110
info@graficasmaxtor.es
www.graficasmaxtor.es

I.S.B.N. 978-84-1171-125-8
depósito legal: DL VA 523-2025

PROLUSION

Leonardo da Vinci fue para Ortega prototipo del Renacimiento; lo puso como mascarón de proa en la revista Leonardo, órgano del Instituto de Humanidades, con el que, en 1948, intentó un nuevo viaje por la España de la posguerra, para reanudar o proseguir su interrumpido magisterio espiritual, su misión de cultura para el pueblo español. Leonardo, hombre universal, literato, filósofo, pintor, arquitecto, conjunción de arte y de geometría, de justeza y de belleza. Juan Pico, coetáneo de Leonardo (nace después y muere antes), con menos fachada histórica, podría quizá disputarle ese puesto representativo. Leonardo es el arte ante todo, y también, el pensamiento; Pico es principalmente, aunque sin exclusividad, el pensamiento. Ha encarnado en su vida y en su obra, acaso como ningún otro hombre de la época, el sentido, los anhelos y las vías de salida a una nueva era: la modernidad.

Hoy estamos de vuelta de la pretensión, ya lejana, de hacer de la Edad Media y Moderna dos mundos incomunicados. Hoy sabemos, más que ayer, que entre ambos no hay un abismo infranqueable, ni como un mar entre dos continentes;

que desde los siglos XIV y XV se pasa al XVI y XVII sin rupturas totales; hasta admitimos que los últimos medievales, si no todo el Medievo, preparan lo moderno. Nada impide, sin embargo, pensar, y seguimos los símiles orográficos, que entre esos dos tiempos han sucedido quiebras y plegamientos telúricos, y que no será ya posible transitar de uno a otro sin atravesar sierras y desfiladeros, collados y puertos de montaña, y que a vuelta de zigzagueantes veredas, se abre ante nuestros ojos un campo dilatado homogéneo, que nos da la impresión de una tierra nueva, distinta de la que quedó atrás. Es muy posible que el que hace el viaje advierta menos el tránsito, porque no ha dejado de andar por caminos que vienen de la tierra de partida.

Nosotros, hombres de finales del siglo XX, no sabemos bien, aunque tenemos la sospecha, de si no nos encontramos en una coyuntura histórica similar al Renacimiento aquel, portada de la llamada Edad Moderna. Muchas voces apuntan a ello y no son pocos lo que saludan este nuestro tiempo con esperanza de nuevas y mejores metas para el ser del hombre. Son precisamente algunos representantes de las corrientes críticas dentro del marxismo, o derivadas de él, hombres de la Escuela de Frankfurt, un Adorno y un Marcuse, los que critican a fondo todo el período de la que llamamos Edad Moderna, a la que llegan a motejar de Edad Media camuflada. El Renacimiento habría sido un intento fallido; se habría vuelto a las andadas, a un pensamiento abstracto, a conceptos teóricos desencarnados de la realidad histórica del hombre. En sustancia, parece que achacan al pensamiento moderno haber estrechado el planteamiento de crisis general del hombre salido de la Edad Media, para encerrarle en los parciales y angostos cauces de los problemas del conocimiento, verdad, certeza; el hombre quedó definitivamente olvidado. Para estos críticos apunta una nueva época y una nueva oportunidad para el replanteamiento del problema del hombre en el mundo en su generalidad; estaríamos de nuevo ante un posible y más auténtico Renacimiento.

En todo caso, reencontrar a Pico, podrá ser reconfortante y luminoso para todo tiempo en que se airea el problema del hombre. No le fue fácil a Pico levantar esta bandera. Como tiempo de cambio que fue aquél, pocos renovadores de primera fila pasaron sin dejar jirones de su manto o de sus carnes en las asperezas del terreno, queremos decir, sin caer en conflicto con las estructuras sociales dominantes. Pico pagó también su tributo. Hoy somos comprensivos con la historia, no condenamos de barato a los verdugos, ellos mismos fueron muchas veces las primeras víctimas de su situación, pero creemos justo recordar con honor a los que con su sudor y sacrificio hicieron avanzar la historia, a quienes debemos mucho de lo que somos.

Mirar así a Pico, le hará aparecer más un hombre espiritualmente contemporáneo nuestro. Tiene su mensaje, para el que somos sin duda receptivos. A punto de cumplirse los cinco siglos de la composición del De hominis dignitate (hacia 1486), creemos muy oportuna su publicación. Resonará con cadencia de esperanza para el hombre del presente que también anhela descubrir o reencontrar su dignidad.

INTRODUCCION

I. EL HOMBRE Y LA OBRA

Juan Pico de la Mirándola, Conde de la Concordia, nace en el castillo señorial de la Mirándola, a unos 32 km. de Módena, Italia, el 24 de febrero de 1463 y muere en Florencia el 17 de noviembre de 1494. Existencia corta, menos de 32 años, suficiente todavía para darnos en Pico una vida ejemplar y una obra relevante.

Ejemplar y singular, Pico sorprenderá a los historiadores, como sorprendió a sus contemporáneos por lo raro y desacostumbrado. Representa a un tiempo de un modo muy personal; ninguna de las corrientes espirituales culturales le condiciona exclusivamente por su innata inclinación a probarlas todas. Su vida misma, tan reducida, pasó por una serie de etapas que podrían componer como una síntesis de las posibilidades abiertas a un hombre del cuatrocientos italiano.

Formación

Es fundamentalmente un hombre de estudio. Su condición noble le facilita los accesos al saber. Una madre piadosa, Julia Boyardo, le predestina a la Iglesia y le envía a Bolonia (1477) a la edad de

15

catorce años para imbuirse en el Derecho canónico, la mejor plataforma del. tiempo para escalar puestos eclesiásticos. Pico muestra ya su precocidad, redacta una especie de catálogo digesto de todas las decretales. Pero dos años de jurista son suficientes para despertar en el joven la pasión por el saber más universal y más entrañable de las cosas, *secretarum naturae rerum cupidus explorator, lo que no se agota ni casi comienza con cánones y leyes.* Abandona Bolonia y comienza un largo peregrinar por los centros del saber más humano que le ofrecía el momento de Italia y Europa. Todo el norte de Italia y Francia hasta París, es el itinerario que se propone Pico. Del 79 al 86 recorre todo ese espacio de oportunidades para su insaciable curiosidad. En Ferrara primero, durante dos años, se sumerge en las bellas letras, a la sombra de Bautista Guarino, hijo del fundador de este foco humanista, poetas latinos y griegos abren a Pico el mundo clásico revivido por la acción de los humanistas. Luego en Padua (81-82), donde le esperan la Filosofía y la Teología, las del tiempo, decrecidas y sombra sólo de los esplendores del siglo XIII, pero Pico penetra más allá de la dura corteza de lo seco, insustancial y casi lúdico de la decadencia escolástica de la hora, y conoce con interés personal también la escolástica en sus formas luminosas de los grandes representantes: Alberto Magno, Tomás de Aquino, Escoto, etc. En Ferrara se inicia un encuentro importante que cuajará en amistad de por vida con Jerónimo Savonarola, doce años mayor que Pico. Alguien sospecha que este contacto con Savonarola y, a través de él, con los dominicos, le ha valido a Pico una información y un concepto más positivo para los representantes de la escolástica y del tomismo en particular. Padua por su parte es, para la formación de Pico, de una especial significación. Allí oye como maestro a Nicoletto

Vernia, averroísta. Es un aristotelismo, el de Pa-
dua, que se afirma como rival del de París; más
aristotélico, por más científico o más fiel al pensa-
dor griego. Un Aristóteles que tiene ahora que
luchar para sostenerse frente a la irrupción del
olvidado Platón durante toda la Edad Media esco-
lástica; será el Aristóteles más auténtico, hasta des-
cubrir las raíces paganas, griegas, que quedaron
veladas en el tiempo anterior demasiado compren-
sivo con un Aristóteles que se quería empujar a un
alineamiento o, al menos, cercanía, con lo cristia-
no. Es Marsilio Ficino el que levanta su voz de
alerta contra este aristotelismo que, en la dirección
alejandrista (Alejandro de Afrodisias, comenta-
dor griego), seguida más en Bolonia, y en la direc-
ción averroísta, la de Padua, igualmente se desbo-
ca hacia interpretaciones de Aristóteles en frontera
con la religión, utrique religionem omnem fundi-
tus aeque tollunt. Y como contrapeso del fermento
pagano y del orgullo científico de Padua, allí mis-
mo enseña a Pico otro representante muy caracte-
rizado del humanismo, Hermolao Bárbaro. Pico le
admirará y le reconocerá sus méritos y la deuda
con él contraída por su enseñanza; una célebre
Carta de Pico a Hermolao *(1485), de la que ofrece-*
mos traducción en Apéndice, constituye uno de los
documentos más reveladores para descifrar los se-
cretos del alma de Pico y, no menos, para revelar
las condiciones espirituales de un momento crítico.
Sin duda Pico hubo de elegir en Padua entre el
gusto literario del humanismo, tan brillantemente
vertido por Hermolao, y el saber de las cosas, sus
secretos, la ciencia del mundo y del hombre que le
ofrecía la filosofía; seguramente hizo aquí la elec-
ción por la segunda, pero sin renuncia a lo prime-
ro. Pico será un perfecto humanista en su estilo y
en su mismo pensar; su dicción es cuidadísima, un
latín, no ciertamente el «bárbaro» que echaban en

cara los humanistas a los escolásticos, sino el pulcro y redomado, hasta rozar lo artificioso, más elegante que fácil.

La primera formación humanística y escolástica de Pico en Ferrara y en Padua tiene cierta culminación con su entrada, en la primavera de 1484 en Florencia, en el círculo platónico de Lorenzo de Médici el Magnífico, con Marsilio Ficino como alma de la Academia. Pico describe su entrada en la Academia como una conversión del aristotelismo al platonismo florentino, no como «tránsfuga», sino como «explorador» (alusión a Séneca respecto de Epicuro). En Florencia junta Pico la amistad de los humanistas, entre ellos su otro gran amigo Angelo Poliziano, con el hombre de Dios alojado en el convento dominico de San Marcos: Savonarola. Pico se ha mantenido equidistante de todos estos signos, no tan al punto conciliables, humanismo literario, ciencia filosófica y teológica y religión en su forma conventual. Se cierra así y se entiende la más visible característica de su genio, su universalismo científico y espiritual. Los nueve meses transcurridos en París de 1485 a 1486 confirman y consagran su central vocación filosófica.

Gestación y suerte de la «Disputa»

De vuelta a Italia, como de pasada, tiene el encuentro importante de su vida, como complemento de su formación, con el hebreo Elías del Médigo, maestro y amigo; con él añade a los conocimientos anteriores importantes sectores nuevos de la ciencia de raigambre hebrea, a saber, la Cábala. Otro judío se suma aún a la labor de iniciar a Pico en esos misteriosos mundos y métodos de la Cábala, el que con el nombre metamorfoseado de Flavio Mitrídates ocultaba posiblemente un judío español,

Guillermo de Moncada. Pico se impone en el manejo del hebreo, como lo hizo con el árabe. Era una exigencia del tiempo, del humanismo que accede a los escritos de la Antigüedad sin las interpolaciones y corrupciones de las traducciones usuales, y extendido esto a todo lo recibido en documentos literarios, llámese filosofía, medicina, etc., o los mismos textos escriturísticos del Antiguo y Nuevo Testamento. Las lenguas orientales, tanto como el griego y el latín, son ahora campo de trabajo y de conquista. Pico pudo decir que sabía lo que habían dicho los antiguos, por haberlo leído en sus mismas fuentes.

En las cercanías de Perusa, en La Fratta, Pico emprende su obra más original. Se propone reunir en un cuerpo de doctrina cuanto ha recogido y asimilado de todas las corrientes del saber. Siguiendo el método escolástico de París, redacta 900 proposiciones o Conclusiones *que presentará en Roma, fijándolas en público, con invitación a todos los sabios para alternar con él en forma de disputa, defensa y ataque. Gesto de vanidad intelectual, o de honrada exposición y defensa de opiniones muy elaboradas, o exhibición de un conjunto armónico de verdades confluyentes en un apoyo o confirmación de la verdad cristiana; todo ello podría estar detrás del peregrino proyecto. Para Pico era como el respaldo humano y social de todo su esfuerzo intelectual.*

Se ha hecho burla de este centón de cosas, que roza el millar, de omni re scibili, *aún sin el remoquete* et de quibusdam aliis, *que algún malicioso añadió. Pico ya protestó de que era un cuerpo orgánico de saberes, cosas o cuestiones muchas, pero «ciertas y determinadas». Bastará pasar la vista por las páginas (35 del gran tomo en folio de la edición de Basilea, 1601) para apreciar su orden y coherencia. Más que proposiciones propias originales so-*

bre algún tema sintético y lejos de ofrecer una cara polémica contra algo o en pro de algo, vienen a ser más bien una recopilación exhaustiva de todo lo que se podía «concluir» afirmativa o negativamente de las diversas fuentes conocidas del saber filosófico, teológico y científico en general, algo así como una enciclopedia moderna de primerísima hora, o un edificio de todo el saber humano según sus compartimentos más significativos. Muy de notar que van por delante los autores escolásticos, los del siglo XIII (16 Conclusiones *según* Alberto; 45 *según* Tomás; 8 *según* Francisco de Mayronis; 22 *según* Escoto; 13 *según* Enrique de Gante; 11 *según* Gil de Roma). Siguen los árabes (41 Conclusiones *según* Averroes; 12 *según* Avicena; 11 *según* Alfarabi; una veintena *según* varios otros menos sonados: Isaac narbonense, Abumarón babilonio, Moisés egipcio, Mahumeth tolentino y nuestro Avempace, con 2 Conclusiones cerrando la lista). A continuación los griegos, no Platón ni Aristóteles, sino sus comentadores: Ammonio, Simplicio, Alejandro de Afrodisias, Temistio, encabezados por Teofrasto; lugar destacado ocupan después los neoplatónicos: Plotino (15 Conclusiones), Jámblico (9) y Proclo (55). Siguen los pitagóricos, o neopitagóricos, a los que junta Pico los que llama teólogos caldeos, y a los que se suman los herméticos, doctrina de Mercurio Trismegisto (medioplatónicos) y, como cierre, 47 proposiciones cabalísticas. Esta es la primera parte, que da en unas 400 tesis el saber recogido de otros. Una segunda parte, en la que cataloga Pico otras 500 proposiciones, contiene lo que considera él como más personal u original de toda clase de materias: físicas, teológicas, platónicas, matemáticas, caldaicas, órficas, mágicas y cabalísticas; es un segundo cuerpo doctrinal que propone Pico a título de defendible con más o menos probabilidad, y que él expresamente somete al juicio de la autoridad religiosa romana. *Quizá lo importante es alargar por ese terreno de lo probable la capacidad de conocimiento del entendimiento humano, como un espécimen del saber personal de Pico.*

En definitiva, Pico se da a sí mismo el placer de reunir en un conjunto dominable a simple vista, toda su capacidad mental, y se ilusiona con hacer de ello una exhibición en el más renombrado teatro del mundo, en Roma, cara «al senado apostólico». Se sentía con fuerza intelectual y ardor juvenil, a sus veinticuatro años, para responder de aquel inmenso acervo doctrinal y aún para sostenerlo en disputa contra cualquier objetante; ilusionado con este disputar escolástico al que invitaba de todas las partes de Italia y aún se ofrecía a sufragar los gastos de viaje a los lejanos y pobres de recursos. En verdad juvenil ilusión y empeño, donde buscaba su gloria, valor tan de sabor clásico, humanae laudis et gloriae cupidus, *como apostilla su sobrino y biógrafo Juan Francisco Pico, y donde encontró de hecho un amargo desengaño. Podemos decir que el episodio de la Disputa significa una nueva crisis profunda en su vida.*

En diciembre de 1486 fija sus Conclusiones y su desafío en las puertas de Roma. Pico atribuye a la enemiga de sus «envidiosos» el fracaso de la Disputa. Hay quien ve allí proposiciones heréticas o de dudosa ortodoxia; él había tenido buen cuidado de asegurarse la aprobación de teólogos y de alguna autoridad eclesiástica: Bonfrancisco, obispo de Regio. Pico espera todo un año en Roma, urgiendo impaciente la celebración. Conoce las tesis impugnadas, 13 de las 900. Redacta en 20 noches una defensa, Apología, de la que se publica el Proemio y se comunica en privado a algunos las respuestas tocantes a los puntos censurados. Para algunos esta actitud suena a rebeldía e Inocencio VIII, riguroso en este aspecto doctrinal, condena todo el proyecto en documento-bula de agosto de 1487, aunque se expresa en términos benignos respecto de su autor. Pico no sintiéndose seguro huye a Francia; allí le sigue y le alcanza la justicia romana y conoce la prisión en Vincennes a comienzos de 1488. Pronto es liberado gracias a los buenos oficios de los gobiernos de Milán y Florencia. Pico vuelve a su Italia y a su Florencia, pero ya·es desde ahora otro hombre.

El infortunio ha hecho mella en la psicología de Pico, el golpe recibido le lleva a una profunda conversión espiritual, que parece recrearse su sobrino en pintarla con tonos acusadamente religiosos. No deja Pico de ser el hombre de ciencia, apasionado de todo lo nuevo que se sabe y descubre, pero, al parecer, su orientación es ahora netamente espiritual. En el siglo XII los dialécticos «convertidos» de las petulancias a que les llevaba el nuevo arte descubierto, una parte de la lógica aristotélica puesta en circulación, dejaban la dialéctica y se recluían en los claustros, doble conversión (Otloh de San Emeran, Lanfranco y otros seguidores del antidialéctico San Pedro Damiano); Pico acabará sus días refugiado junto a su amigo y admirado Jerónimo Savonarola, casi como un fraile dominico, en San Marcos de Florencia, entregado a Dios, pero sin dejar su febril actividad científica. Sólo que su norte ahora es la Teología, la ciencia de Dios. Como muestra clara de su conversión Pico destruye y da al fuego cinco libros de poesías amatorias del tiempo de juventud. A los veintiocho años compone un original comentario a los primeros capítulos del Génesis, los días de la creación, In Heptaplum, de opere sex dierum geneseos. De los numerosos escritos menores que aún salen de su pluma, importante es el De Ente et Uno, del que ofrecemos traducción en Apéndice, y una larga re-

quisitoria contra la ciencia de adivinación por los astros, Disputationum in Astrologiam libri XII.

El «De hominis dignitate»

Felizmente no corrió la suerte de sus juveniles «excesos» literarios el escrito que nos ocupa y cuya traducción ofrecemos. Este riesgo no fue imaginario. El sobrino Juan Francisco, albacea y editor de sus obras, los dio a la luz dos años tras la muerte de su tío, y en el Prólogo de presentación dice bien claro que el autor no lo hubiera publicado y aún él sólo lo hace a requerimiento de hombres respetables. Veamos brevemente la historia de este acontecimiento. En realidad no es ninguna obra independiente de Pico. Su composición tampoco es sencilla. Originariamente es el obligado discurso preliminar o de presentación de las célebres Conclusiones, *palabras de circunstancia para atraer la benevolencia de los destinatarios, a los que se suponía y se esperaba serían los árbitros de la gran* Disputa, *hombres curiales de sabiduría y autoridad, sin especial conexión con el tema de las* Conclusiones, *fuera de una general alabanza del saber, de la ciencia y en particular de la filosofía, a la que Pico ha consagrado su mejor tiempo y todo su entusiasmo. Una segunda parte tiene un carácter apologético, es una respuesta a las objeciones de carácter general, filtradas amistosamente y procedentes, en particular, de Hermolao, descalificador del mismo intento de la* Disputa *pública. Esta sección posterior de la* Oratio *constituiría de hecho una parte importante del* Proemio a la Apología *que fue publicado anteriormente. El editor Juan Francisco Pico se excusa ante el lector de que la* Oratio *contenga al final* (in eius calce) *muchas cosas que fueron ya editadas en el* Proemio *apologético,* plurima quae et in Apologiae sunt inserta

23

Proemio. *Inversamente a la suerte editorial de ambos escritos,* Apología *o su* Proemio, *no precede en la composición a la* Oratio, *sino que depende de ella. De hecho, por la implicación de los acontecimientos, la* Oratio *adopta la forma mezclada de un prólogo, invitación a la* Disputa, *y una exculpación de todo el proyecto que, a la vista del resultado fallido, podría pasar por un Epílogo. El final responde a las palabras iniciales invitatorias a la pelea. Así desgajado el Discurso preliminar del cuerpo de las* Conclusiones *salió publicado por Juan Francisco, el sobrino de Pico, en Bolonia, en 1496, dos años después de la muerte de su tío, a continuación de las obras mayores de Pico:* Heptaplus, De Ente et Uno *y* Adversus Astrologos.

El título que le asigna es simplemente el de Oración (Discurso): «*Toma lector también estas elucubraciones... leerás primero una Oración elegantísima...*». *En la edición de Basilea de 1557, y sin poderse determinar cuándo ni por quién, aparece esta Oración ya con el título* De hominis dignitate, *que, por lo dicho, ni emana de Pico ni del sobrino editor. Por lo que veremos, tal título no es el más apropiado, y si fuéramos a buscar en Pico una orientación para expresar mejor el contenido, nos quedaríamos con las palabras con que lo definió en carta a su amigo Jerónimo Benivieni (noviembre de 1486) al tiempo que redactaba esta Prolusión a las* Conclusiones. *Dice, en efecto, a su amigo que está ocupado con cosas que tocan a la paz y contribuirán a la alabanza de la filosofía* (de pace quaedam ad philosophiae laudes).

Extraña suerte la de este escrito. Para Pico, refugiado en el sosiego espiritual de San Marcos como un medio fraile, pudo ser ya sólo un recuerdo, y no muy grato, cargado del aire polémico que envolvió su composición y dramático desarrollo. La segunda parte, apologética, le había de interesar

24

menos, después del fracaso. La primera, la más personal, la pudo también mirar, y a ello se inclina el juicio de su sobrino, como momento leve de su espíritu, antes de asentarse en las «cosas más serias». Es posible que él mismo no tuviera conciencia de todo su valor histórico, porque el hecho cierto es que hoy constituye no sólo lo mejor, sino casi lo único permanente de Pico. Para él sería impensable que, relegadas hoy casi al olvido todas sus otras producciones mayores y aparcadas por la historia sus célebres Conclusiones, *como un rasgo de genialidad excéntrica y, no poco, aunque él se defendió, con un gesto de vanidad juvenil, se mantengan vigentes y estimulantes las ideas vertidas en la primera parte de su* Oración introductoria. *Es lo que ha seleccionado la historia y lo que hoy va unido al espíritu inmortal de Pico.*

Damos a continuación el desarrollo esquemático de todo el contenido de la Oración. *Para su mejor inteligencia y las reflexiones que haremos posteriormente, hemos introducido números entre corchetes encabezando los párrafos.*

Ya apuntamos que el Discurso tiene dos partes bien definidas: la propiamente dicha Oración introductoria *a la* Disputa, *aquí del* [1] *al* [12], *y la segunda, apologética, del* [13] *al* [31].

[1] *Introduce el tema del discurso en forma retórica de una pregunta que despierta la curiosidad y atrae la atención y benevolencia de los lectores destinatarios. El tema del hombre.*

[2] *Versión original que da Pico de la creación del hombre según el* Génesis. *Constituye el tema central y punto de partida para toda la disertación.*

[3] *Gran oportunidad del hombre para realizar su proyecto vital, contrastado, precisamente, con las posibilidades negativas que se le ofrecen.*

[4] *Comienza el itinerario positivo para la realización ideal del hombre, iluminado con el modelo de la vida angélica: tronos, querubines, serafines.*

[5] *Testimonio de Pablo y Dionisio (Pseudo) señalando los pasos precisos de ese itinerario de realización perfecta, que recorre los estadios de la Filosofía (práctica) moral, la Filosofía natural, con el conocimiento de la Naturaleza y termina en la Teología, tomada, tanto como conocimiento especulativo, como actividad contemplativa. Escala de Jacob.*

[6] [7] [8] *Confirmación y corroboración paralela del mismo itinerario, aduciendo testimonios y consejos de autoridades bíblicas y profanas. En [6] es Job (teólogo) y Empédocles (filósofo), con el matiz de una búsqueda de la paz interior que culmina en la Teología. En [7] al itinerario y a la paz, se añade la idea de la unión y unidad con la divinidad, con alusiones paganas, pitagóricas (neopitagóricas) y bíblicas. En [8] similar desarrollo con alusión a Moisés y al Santuario, o tienda de promisión levantada en el desierto, y a los diversos oficios y situaciones de los israelitas; se repiten los simbolismos aplicados al triple itinerario: Moral, Filosofía, Teología.*

[9] *Utilización de los métodos especulativos griegos, contemplación y elevaciones místicas, el Fedro platónico, transportes báquicos, como modelos confirmativos de la ascensión teológica (cristiana).*

[10] *Moral (ascesis purificatoria), Filosofía natural y Teología recogida de los tres precéptos délficos: «medèn agan», «gnothi seautón», «Eí» (Tú eres, dicho a Dios, el que Es).*

[11] *Confirmando y corroborando, los consejos de Pitágoras: no sentarse sobre el celemín (desidia), actividad mental (dialéctica), no mear contra*

el sol (*pureza de vida*), no cortarse las uñas durante el sacrificio (ir a él limpios y enfrenadas las pasiones), y echar comida al gallo (de Esculapio),
liberar la vida contemplativa y divina.

[12] *Nueva confirmación con el símil caldeo
del alma alada y caída cuyas alas se riegan con los
cuatro ríos, Norte, Sur, Este y Oeste que significan
rectitud, expiación, luz y piedad; moral, dialéctica,
filosofía natural y teología. La dialéctica sumada a
la moral, como instrumento de claridad y pureza
mental, arma contra el error.*

[13] *Comienza la segunda parte con el elogio
de la Filosofía, con una descripción de su situación
de miseria y abandono en su tiempo. Opción de
Pico por ella; testimonio capital, punto de partida
de este desarrollo apologético.*

[14] *Paso a las impugnaciones de los envidiosos. Enumeración de cargos.*

[15] *Primera respuesta. Defensa del método
de* Disputa.

[16] *Segunda respuesta. Mi juventud e incompetencia. Aquí aun el vencido gana, aprende.*

[17] *Tercera respuesta. Número desorbitado
de cuestiones. Justificación del método elegido por
Pico. No adscribirse a ninguna escuela, conocerlas
todas.*

[18] *Exploración panorámica de la Filosofía,
caracterización de los principales filósofos de la
historia, escolásticos, árabes, griegos.*

[19] *Protesta de imparcialidad y justificación
del hecho de añadir lo propio investigado a lo conocido de otros.*

[20] *Paso a los añadidos personales, las 500
tesis de la segunda parte de las* Conclusiones.

[21] *Intento personal, del que se gloría, de
conciliar Platón y Aristóteles, Tomás y Escoto,
Averroes y Avicena. Primeras 17 tesis propias.*

[22] *Enumeración de otros capítulos de posiciones personales.*

[23] *Presentación y justificación de los temas de carácter pitagórico, probación a base de los números.*

[24] *Presentación de la sección «mágica». Larga exposición y defensa de la ciencia «mágica» natural, por oposición a la «otra» magia (diabólilica).*

[25] *Original teoría de los misterios o contenidos «arcanos» de la tradición bíblica, desde Moisés, lo no revelado o comunicado al pueblo.*

[26] *Extensión de este método de «ciencia arcana» a otros signos históricos, Pablo, Pitágoras, Platón, Aristóteles. Origen de la Cábala.*

[27] *Historia y suerte de los libros «arcanos», cuya redacción se refiere a Esdras y los sabios iniciados de Israel.*

[28] *Testimonio personal de adquisición y lectura de tres de esos libros. Su valor apologético para confirmación de la verdad cristiana.*

[29] *Alusión a otras proposiciones de la* Disputa, *con interpretación de doctrinas órficas y persas. Teoría sostenida por Pico del origen oriental de la Filosofía griega y toda la sabiduría antigua.*

[30] *Ultimas protestas de sinceridad y sobriedad cara a la* Disputa.

[31] *Dé ya comienzo con buenos augurios.*

II. SIGNIFICADO HISTORICO

Marco del Renacimiento

Pico es un ejemplar humano fuera de serie.

Por ello y con ello un buen testigo de un momento histórico que viene ya signado con el apelativo de crisis. Nos parece oportuno, si no obligado, dirigir previamente la mirada a este tiempo, como una situación especial, dentro de la cual adquiere todo su sentido la acción de Pico; sólo a la luz y en el marco de aquel Renacimiento se recorta su figura, y sólo desde ese marco se apreciará el valor testimonial o profético que conserva Pico para los tiempos siguientes, los de la modernidad, hasta nosotros.

Crisis ha sido la palabra que lo define, crisis con acento, pues en realidad toda historia humana es un constante pasar crítico de un estado a otro, dejando atrás algo y afrontando algo nuevo inexplorado. Es simplemente la ley de la vida, en el hombre con conciencia de ese paso y cambio, y por eso y por lo nuevo que se abre sin interrupción a la libre iniciativa humana, con mayor o menor sensibilidad para eso crítico. Porque hay tiempos largos en que parece no sentirse el cambio ni el paso, otros de aceleración hasta el vértigo, los que con más derecho se arrogan ese vocablo de crisis. Así miramos el tiempo del Renacimiento.

Por los años centrales y segunda mitad del siglo XV se producen en Europa ciertos acontecimientos que alteran el panorama medieval. Más todos ellos juntos que ninguno por separado: caída de Constantinopla en poder de los Turcos (1453), descubrimiento de América (1492), invención de la imprenta (1443), señalan la transición. Por debajo de esos hechos macroscópicos, algo o mucho muere en la vida individual y social, científica y artística del hombre europeo. Va a comenzar la modernidad, que no la tomaremos como simple denominación cronológica, sino como categoría de espíritu, de cultura, de talante. Puede aventurarse la idea de que la modernidad, ahora en sus comienzos, mitad

del siglo XV, prolonga su marcha ascendente inin-
terrumpida a través de ese período del Renacimiento, siglos XV-XVI, por la era de los grandes sis-
temas, siglos XVII-XVIII, hasta la llamada madurez,
o mayoría de edad que se asigna al XVIII, siglo de
las luces, y la culminación o consolidación del XIX
con las espectaculares cumbres del idealismo alemán (Hegel † 1831). Esto por lo que toca a la filosofía, que sin disputa lleva la delantera y la dirección espiritual; con ella van, en creciente desarrollo
y eficacia plástica para configurar Europa y lo
europeo, la ciencia, la técnica, el surgimiento de la
sociedad industrial, los movimientos revoluciona-
rios sociales, económico-laborales que todavía no
han alcanzado su punto de equilibrio. Para muchos se cierra en el siglo XIX la era de la modernidad, para destacarse de ella nuestro presente; el
último siglo y medio que, con fechas imprecisas,
podría denominarse tiempo post-moderno, algo
que sigue y se diferencia a ojos vistas de aquel anterior espacio de siglos de crecimiento, desarrollo y
maduración de lo que también estamos acostumbrados a llamar espíritu moderno, europeo u oc-
cidental, bien discriminado de lo que ha sido la
historia, el desarrollo y existencia del hombre afri-
cano, asiático y, muy en general, oriental.

Ese hombre «moderno», así definido, no tiene
sentido abstraído del Medievo, pero justamente en
este tiempo, el de Pico, comienza un visible despe-
gue, un cambio de rumbo, un nuevo camino. Como
tiempo de crisis en sentido fuerte, hay valores vie-
jos en baja y, por contraste, otros nuevos en alza o
en surgimiento. Será del caso apuntar, de un modo
general y con perspectiva histórica, algunos de
esos valores que juegan en el cambio.

Unidad

El más visible es el de la unidad de la vida medieval, la gran Cristiandad. Una unidad que es, por lo pronto, unidad de vida y creencias; la vida individual y social esta inspirada y regida por un sistema de doctrinas compartidas por todos, sin que obste la presencia de grupos no cristianos, como los judíos en sus «ghettos», aclimatados ahora como antes y siempre en sociedades extrañas a su fe; el Islam enfrente no rompe, más bien acentúa y asegura aquella unidad religiosa. Unidad de ciencia y de fe, armonía, si no identidad o continuidad, entre lo que el hombre sabe por ciencia profana y lo que cree por su fe. El pensamiento crítico hará su entrada y sus «razzias» en esta unidad doctrinal por obra, sobre todo, de los ingleses, Escoto y Ockam, que llevan el rigor cortante de su lógica hasta desgajar la filosofía, la ciencia de la razón, de la teología, dueña del campo hasta entonces. Unidad, también, de vida privada y vida pública; el Medievo no conoció la secularización. Lo religioso impregna y domina las instituciones, usos y costumbres; es, en su totalidad una vida social integrada, fenómeno acaso único en la historia de Occidente, que impresionó positivamente a Comte y le hizo mirar desde este punto de vista, al Medievo cristiano como algo ejemplar.

Al alborear la modernidad esa unidad salta en pedazos. Es la dispersión política de los nuevos estados, con sus reyes soberanos frente al Emperador y cada vez más independizados del poder espiritual-político de Roma; es la gradual independencia de la razón natural y de la filosofía y de la ciencia respecto de la revelación y de la teología; es la trascendental rotura de la unidad cristiana con la reforma protestante, que partirá en dos o en tres y más la Europa medieval.

Totalidad

Esa unidad, luminosa antes, maltrecha ahora, iba en el Medievo aureolada con un halo de totalidad o de universo cerrado. El hombre medieval se sentía en este mundo como en un sistema concluso que protegía confortablemente su vida con seguridades temporales y transmundanas; la geografía acotaba el espacio habitado y conocido por el hombre dentro de límites definidos, Finisterre y el Atlántico, mar tenebroso por el Occidente, el Indo y la lejana Catay o China, desde los viajes de Marco Polo por el Oriente, las tierras germánicas por el Norte y las arenas inhóspitas de Libia y Etiopía por el Sur. El cielo seguía siendo la envoltura de la tierra, con sus estrellas fijas, y los errantes planetas y las esferas concéntricas a partir de la luna; la tierra en el centro, centro y sentido último del universo con el hombre, rey y fin de la creación.

Los nuevos sensacionales descubrimientos (portugueses y luego españoles) y los astronómicos (Copérnico con su De revolutionibus orbium coelestium, compuesto en el corte de los siglos XV-XVI), disparan la imaginación hacia lo desconocido y la primera víctima es la unidad conclusa anterior; se rompe y cae con ella mucho de la seguridad medieval. Su ruptura, sin embargo, estimula el anhelo de una nueva unidad más amplia y menos ansiosa de totalidad; surge la idea de una unidad abierta, indefinida, infinita, como espacio para el desarrollo de la vida del hombre, comienza de veras la historia, aunque falte mucho tiempo y aún siglos para que el hombre tenga plena conciencia de ella. Ya por lo menos, el mundo deja de ser una morada hecha y acabada donde el hombre se aloja para realizar en ella su vida, haciendo el bien, enmendando y expiando sus yerros y ganando el cielo; es ahora más bien una posibilidad abierta, un camino indefinido, una cierta infinitud vacía, prometedora y estimulante.

Trascendencia

Con esa unidad total y cerrada se juntaba en el Medievo el sentido religioso absorbente, que, a más de penetrar y plasmar toda la vida del hombre, lanzaba a éste a instancias trascendentes, al Dios Creador, a los fines ultraterrenos, a una esperanza que tenía poco que cosechar de acá, este mundo y esta vida mirados como una oportunidad, si no un pretexto, para granjearse los verdaderos bienes del más allá. Cabal aplicación de aquel dicho agustiniano que cortaba los horizontes del hombre, el terreno y el ultraterreno, con el «uti», para el uso, el primero, y el «frui», para el goce, el segundo; el hombre, auténtico caminante «homo viator», peregrino, no sólo porque su vivir es caminar, no estar, sino porque el camino éste no tiene sentido verdadero y pleno sino en el término, en la patria a la que se va.

Este lado trascendente de la vida como horizonte del hombre medieval no queda ahora, a la entrada de Edad Moderna, anulado, el hombre renaciente no es irreligioso ni anticristiano o menos cristiano, sino lo comienza a ser de otro modo. Ya no querrá ver este vivir como mero tránsito, ni el mundo como un puro pretexto o lugar donde se está de paso. Acaso lo más nuevo de este renacer esté fijado en la nueva imago mundi; se descubre su valor y su belleza, se le ama, se le mira como algo medido para el hombre, como algo terminal y final, si bien no de modo absoluto. El mundo aparece con signos positivos como digno de contemplación en su misma realidad, porque es buena y bella, y como un apropiado campo de empleo para la *industria y trabajo del hombre; es su suerte, si no última, sí temporal.*

A esta nueva imagen del mundo, más positiva y esperanzada del tiempo que comienza, se ha venido desde dos posiciones distintas y en cierto modo antitéticas, que podrían aparecer ahora como rivales y, en definitiva, serían complementarias. Por un lado, lo más inmediato y visible, el retorno de la Antigüedad, parece volver al hombre a una cierta inmanencia pagana, un poner los pies en el suelo después de haber pasado por él hollándolo (el «contemptus mundi» de los ascetas), o planeando a muchos pies de altura sobre su superficie en el vuelo del espíritu hacia más altas metas; poetas, filósofos y escritores de todo orden clásico habrían devuelto al hombre su sentido de la tierra; un humanismo pagano y paganizante. Esta secularización literaria y artística, de la que sería para muchos representante típico un Lorenzo Valla († 1457) no traduce la verdadera situación y habrá que corregir, a la luz de recientes estudios, algunos prejuicios trasmitidos por determinados historiadores. Más que un pagano, Valla por ejemplo, y valdrá esto más para el sol de humanistas Erasmo († 1536), aparece hoy como un cristiano crítico de una religiosidad medieval, en exceso recelosa y fugitiva del mundo, enemiga del cuerpo, vertida en un sistema en demasía organizado de ritos, observancias y penitencias externas, con menos salidas a la espontaneidad y libertad del alma en su encuentro con Dios. Valla protesta que no quiere como ideal el ideal pagano, sino el del evangelio, pero el que vale para el hombre normal en su vida ordinaria, la del común de los mortales. Con esta disposición se salva el mundo del anatema al que prácticamente le condenaba el rigor medieval. Pero justo con esta raíz antigua o clásico-evangélica, hay otra más profunda para esa rehabilitación de lo terreno, a saber, la corriente mística contemplativa no extinguida en la Edad Media, pero menos visible acaso, o algo soterrada, en ambientes intelectuales, por la predominante línea especulativa de los doctos. Tendrá que levantar el piadoso cardenal Nicolás de Cusa († 1464) la bandera de la «docta ignorantia», para reponer en su alto valor la vía mística, la de los victorinos, Bernardo, Eckhart, y los monjes que viven en el fleco del continente europeo por el Norte, los Hermanos de la Vida Común de Deventer, maestros del Cusano y destinatarios primeros de todas sus elucubraciones filosófico-místicas. No era evasión ni fuga del mundo, bien al revés, era quedarse en él y tomarle, no propiamente como escala, sino como espejo de la divinidad, el mundo como teofanía, manifestación de las perfecciones de Dios, una especie de presencia del infinito en el finito. Lo vio así Ramón Llull y lo veía, en el albor del Renacimiento, el gran Cusano. No hacían falta griegos ni paganos para revelar lo hermoso y grande de este mundo. Podremos creer en buena paz que, muy en el espíritu de Pico, lo viejo y lo nuevo, lo pagano y lo cristiano se han dado aquí la mano. La «novedad» del mundo descubierto por el Renacimiento, es una novedad ya existente, sólo necesitada de revelación; si antes era de pocos, un poco marginados o «retirados», ahora quiere ser de todos; para eso están sus voceros, los humanistas y pensadores del Renacimiento.

Autoridad y tradición

Es una última característica que aquí señalamos diferenciadora del Medievo, que afecta principalmente al método, el seguido en la ciencia, tanto la profana como la sagrada. La vía de la autoridad y la tradición. El individuo se siente seguro en la guía que es, para su espíritu, su fe y sus normas de conducta, la doctrina recibida y trasmitida por los cauces oficiales, autoritarios. Menos oportunidad para su creación y espontaneidad; la Teología crea y construye el inmenso edificio de la ciencia medieval, vertida en esas Sumas, réplica literaria como se ha dicho de las imponentes construcciones catedralicias medievales. Pero toda esa ciencia se mueve dentro del marco de una doctrina recibida, y su fin esencial es dar forma humana coherente, sistemática al tesoro revelado. Evangelio, Iglesia, Padres, son las fuentes de las que se bebe y a las que se sirve revistiéndolas de ciencia humana. Lo recibido es sagrado e intocable. Tomás corregirá de tal modo a Agustín para atenerse al más nuevo y científico Aristóteles, que forzará a ratos la interpretación del Padre de la Iglesia para concordarle con el filósofo pagano. Lo más extraño del caso es que el hábito de apoyar los propios razonamientos en autoridades sagradas intraeclesiásticas, se traslada a las mismas autoridades profanas en el profano campo de la ciencia humana, medicina, cosmología, filosofía, sin excluir la ética. Así, Aristóteles en filosofía, Hipócrates y Galeno en medicina, Ptolomeo en astronomía, son autoridades venerables, que parecen encarnar un cierto saber absoluto o simplemente ser la voz de la razón humana. Sin esta situación histórica será muy difícil de entender el privilegio de autoridad doctrinal que, en medios escolásticos, ha arrastrado Aristóteles hasta bien entrados los tiempos modernos, cuando para acreditar una opinión se la refrendaba con una referencia a la razón, «secundum rationem» y, casi en pie de igualdad, a Aristóteles, «et secundum Aristotelem». Aparte del valor interno reconocido en las posiciones aristotélicas, habremos de admitir allí una cierta extrapolación del respeto religioso otorgado a los datos revelados en favor de los autores profanos, y, más en general, una atribución de autoridad doctrinal a las figuras señeras del pasado, por la sola consideración de su prestigio, y esto tanto en los personajes eclesiásticos como en los profanos, para una y otra ciencia. Como si en aquellos entendimientos privilegiados hubiera hecho su asiento el espíritu del saber para comunicarlo a los demás.

A este hábito de respeto a la tradición y autoridad sucede en este tiempo un cambio de rumbo, sin duda el de más trascendencia para el desarrollo del conocimiento humano. El hombre quiere saber y probar por sí solo las cosas. Ha habido el desgaste de los saberes oficiales alojados en los centros acreditados; ha habido la sospecha y la desconfianza. La docta ignorancia del Cusano significa literalmente un abandono afectado del saber corriente, el de las aulas universitarias; él se refugia en sus vías místicas, transracionales. El ambiente generalizado en los núcleos humanistas del siglo XV y se afianzará en el XVI y siguientes, es volver la espalda a las teorías recibidas y salir al ancho mundo a verlo por los propios ojos. A la tradición sucede la experiencia, como método, naturalmente en el campo de la ciencia del mundo, pero, junto con ese percibir directamente las cosas, «a las cosas mismas», lema repetido en todos los grandes giros de reforma y transformación de la «imagen del mundo», va el intento nuevo de explicarse la realidad, de comprender. Es la actitud típica del hombre «renovado», del que surge en este «renacer» europeo; una cierta soledad del hombre ante las cosas. Soledad de apoyos y tutelas; una primaveral salida a la libertad. Porque no es la sensación de orfandad del que se ha quedado sin padres; tampoco todavía la madurez del que todo lo espera de sí, mayoría de edad responsable y cargado con todo el peso de la vida; es ahora la inquietud del joven que le bulle la sangre y quiere ya emancipación y tarea propia. Experiencia y reflexión personal ante el mundo caracteriza al hombre del Renacimiento. De ahí los frecuentes viajes de estos primeros filósofos y científicos, tras de lo nuevo que se detecta y adivina aquí y allá, en busca de un conocimiento de las cosas en su variedad y riqueza. Luego Descartes se alistará en los ejércitos europeos para conquistar un contacto con el mundo, los hombres y las opiniones. Le han precedido en estos comienzos modernos hombres tan significativos como nuestro Pico, como Paracelso, que recorre toda Europa, hasta Dinamarca, Inglaterra, España, Transilvania, como el Cusano, universal en su concepción de la realidad y en el encuentro con pueblos y culturas de todo el Mediterráneo, como nuestro Vives, como Giordano Bruno.

Una buscada y aceptada soledad para encontrarse o descubrirse el hombre a solas con sus fuerzas, a solas con el mundo, para inaugurar un nuevo método de autonomía o libertad frente a lo recibido por la tradición y autoridades del pasado. Y lo que el hombre ha ganado o va ganando de autonomía, tiene su reflejo y correspondencia en una cierta autonomía de ese mismo mundo descubierto, nuevo a la par del hombre nuevo. Si antes el mundo se presentaba como un conjunto de cosas y acontecimientos sometidos mayormente a fuerzas y factores imprevisibles de carácter dominante sobrenatural o trascendente, nace ahora un mundo como un sistema de fuerzas regulares internas que no elimina a Dios, pero retrasa o profundiza su acción creadora y conservadora. El mundo físico, primero, y progresivamente el mismo mundo ético, social y político, va conquistando correlativamente una cierta autonomía, podríamos decir, una cierta libertad, emancipación de los condicionamientos extramundanos o supernaturales bajo los cuales *fue comprendido y aceptado por el hombre medieval.*

En definitiva, y como balance provisional de esta exploración panorámica, nace y «renace» una nueva imagen del mundo y del hombre todavía medieval, básicamente cristiana, colgada de referencias trascendentes, pero donde apunta ya un sentido de inmanencia, de valoración positiva de lo de acá, de interés en el hombre por conocer «usar» y «gozar» de todo esto, con conciencia de una tarea en este mundo y para este mundo, mediante la cual labra más auténticamente su existencia, en libertad, no al margen de Dios, sino de conformidad con el destino que le ha impuesto Dios.

III. LOS GRANDES TEMAS. LIBERTAD Y DIGNIDAD DEL HOMBRE

Volvemos a nuestro Pico, a su obra, a su mensaje, el que ejemplarmente se contiene en su Oración introductoria *a la fallida Disputa pública. No es, como hemos apuntado, la más importante de sus obras, ni siquiera es una obra aparte, sino un Prólogo o un Prólogo-Epílogo a un acontecimiento central y crítico en la vida de Pico. Pero es, a vuelta de presentación y apología, el mejor documento autobiográfico, el mejor y más profundo retrato de su alma, el que nos interesa ahora desvelar o interpretar. Si el Renacimiento, convenimos en ello, es el nacer de un hombre nuevo, aquí está la mejor fórmula de esa nueva «imago hominis». Con ella se abre la* Oración, *con el tema del hombre. No lo pedía propiamente el pregón desafío de la Disputa; la preparaba como un adorno literario de belleza, como una flor brindada al adversario antes del en-*

cuentro campal. Pero si no casaba estrictamente con el bagaje doctrinal de las Conclusiones, *resumen de teorías sobre todas las cosas*, sí daba perfectamente la talla humana del luchador.

Comencemos por señalar que el título dado después al escrito, De hominis dignitate, *podría desorientar sobre la intención de Pico*. En rigor y de entrada, no es lo digno, la excelencia del hombre lo que trata él de definir o medir. Busca algo distinto y nuevo, no lo alto o digno, sino lo «maravilloso», lo sorprendente y exclusivo del hombre. Como recurso literario, la alusión a dos dichos célebres de un escritor árabe, Abdaláh, y del oráculo mítico griego, de origen egipcio, Mercurio o Hermes Trismegisto, tomado por Pico, al igual que la Edad Media y los hombres del tiempo, por un personaje real, voz de la sabiduría. «Es, oh Asclepio, un gran milagro el hombre.» Pico advierte que esto no lo es el hombre por la altura de ser que le ha cabido en suerte, pues le superan estratos más altos, como son los ángeles o todo el mundo «intelectual» de las inteligencias separadas. Tampoco se aduce aquí en primer plano como peculiaridad aparte del hombre su condición de microcosmos, o «mundo menor», centro y resumen de la creación, imagen consagrada por la tradición y reactualizada con vigor y nueva luz por autores cercanos a Pico, concretamente por el cardenal Cusano. Pico comienza asentando algo original; lo verdaderamente maravilloso, único y exclusivo del hombre, capaz de despertar la envidia, no sólo la admiración, de todos los demás seres, es la posibilidad dada al hombre para hacerse a sí mismo a su gusto. No se le asigna ningún rostro propio, ningún lugar, ningún oficio. Le pone Dios en el centro para que lo vea todo, le infunde semillas de todo, para que, a voluntad convierta en propio lo que se le ha dado de común con todas las creaturas; todas no las puede ser a la vez, ahí su elección, su libertad. El hombre artífice de su ser. «Ni celeste, ni terrestre..., ni mortal, ni inmortal, para que tú mismo, como modelador y escultor de ti mismo, más a tu gusto y honra, te forjes la forma que prefieras para ti.» Esto no es ser grande ni pequeño, sino libre para hacerse pequeño o grande, como un inimaginable partir de sí, como desde cero, para comenzar a ser algo a elección propia. Podemos decir que así nadie había pintado al hombre antes de Pico. Libre fue siempre el hombre para toda la cultura y tradición pagana y cristiana, pero nunca fue ideada esta libertad tan de raíz. Por ello lo maravilloso del hombre y lo singular de Pico. En seguida contrasta éste la condición del hombre así fabricado por Dios con todas las demás obras salidas de su mano. Los animales todos, ya desde el vientre de sus madres, nacen con lo que han de poseer, determinados a un ser, hoy diríamos con su existencia y desarrollo programados. Pico no ignora ni calla la condición también libre de los espíritus superiores, los ángeles. Pero la gran diferencia, en favor del hombre, está en que ellos, después de un breve espacio de elección libre, según la tradicional opinión, «paulo post», ya quedaron fijados para la eternidad en su ser, de ángeles o de demonios. Sólo el hombre prolonga su existencia entera en esta tierra, y de este hombre terreno es la cuestión, usando su libertad para ser o para irse haciendo lo que quiera. No es, en una palabra, meramente una libertad para obrar, para hacer esto o lo otro, sino más radicalmente para ser o para hacerse.

Naturalmente no quiere esto decir que el hombre no es nada, una posibilidad vacía; es puesto en el centro, equidistante de todas las cosas y con posibilidades germinales (semillas) activas para serlo todo, lo que elija. Se ha dicho indeterminación, mejor se diría indiferencia activa y capacidad abierta a todo. Dijimos antes que el Renacimiento descubre una infinitud en este mundo finito creado. Un aspecto de esa infinitud es el de la posibilidad abierta, como los espacios geográficos y celestes por primera vez liberados de la estrechez clausurante del cosmos medieval, como la historia inaugurada por el hombre moderno, roto el círculo repetitivo del tiempo sin más horizonte que sumar años a años, sin salir a la intemperie fuera de la morada hecha para siempre. Lo primero y maravilloso y, en verdad, grande en la nueva imagen del hombre piciano, es una cierta infinitud de posibilidades que se le adhiere de raíz y que en cierto modo le constituye.

No será excesivo, ni forzar las cosas, referir esta posibilidad abierta y activa a la misma trayectoria biográfica de Pico; pasión de saber de todo, abarcarlo un poco todo, apropiárselo con su precocidad y su entusiasmo, y para ello justamente ganar distancia de todo, sin adscribirse a ninguna escuela ni autor particular, con la secreta y vital intención de dar cuenta de todo después de haberlo convertido en sustancia propia, previo naturalmente el estudio intenso de cada cosa particular. No ser nada, abarcarlo todo, para dominarlo y serlo todo. Estamos con estas reflexiones acercándonos al verdadero y profundo alcance de la libertad tal como la ha entendido Pico. Habrá aún que ahondar en ella.

Efectivamente, es proteica y camaleóntica, como diría Pico, esta libertad. Y no siempre se la ha entendido igual ni, con seguridad, como Pico la quiso.

Si es cierto que la libertad humana es la conquista más preciada del hombre moderno, hemos de decir que Pico ha dado en la diana. Muy explicables por ello los entusiasmos que ha despertado en los posteriores hasta nosotros por esta vecindad *espiritual y por el valor pionero de su mensaje. Pero ello no nos exime del peligro de caer en anacronismos. El pensamiento moderno, en su línea racionalista sobre todo, no exclusivamente, ha ido colgando cada vez más la realidad del mundo de la acción del espíritu o la mente humana, de la «pensée» francesa de Descartes o de la «conciencia» (Beweusstsein) alemana. Los mismos ingleses y empiristas congéneres suyos acabaron por referir y reducir el mundo real a un sistema de sensaciones hasta el «esse est percipi» de Berkeley y todo el berkeleyismo remanente en los positivismos lógico-psicológicos actuales. Desde Kant el mundo real es un mundo del hombre y para el hombre, del que construirán una teoría comprensiva y conclusa los idealismos poskantianos. Todavía en el Medievo, el cardenal Nicolás de Cusa desarrolló con gran aparato dialéctico y subidos tonos místicos la condición «creadora» del hombre convertido en «medida de todas las cosas» por su conocimiento. En el fondo estaba ya en él lo específico y fundamental de las concepciones creadoras del idealismo moderno, a saber, el carácter activo, espontáneo, del espíritu que no espera, sino se adelanta con sus principios internos, a la configuración conceptual de los datos y materiales de la sensación. Para el Cusano el hombre tiene ya en su alma algo así como el arsenal de todas las formas, con las que concibe y «crea» las similitudes de todas las cosas que conoce, mide y no es medido por el objeto, frente a la actitud más pasiva asignada por la gnoseología escolástica al entendimiento humano que se conmensura con la realidad conocida, que abstrae o extrae de lo percibido la forma inteligible ya en potencia fuera del sujeto. El alma «hace» todas las formas o «semejanzas» de las cosas, haciéndose ella misma semejanza, como si ella imitara a Dios creador. El creando la realidad, ella la idea o representación;*

el hombre lector del mundo, lector que pone el significado y el sentido a los caracteres neutros que sólo interpreta el que tiene ya en su espíritu el mismo sentido e intención que quiso el autor del libro, aquí Dios.

Pico, a decir verdad, no ha desarrollado este lado creativo del hombre por razón de su conocimiento, al menos no con la fuerza del Cusano ni con la trascendencia atribuida al espíritu humano por los idealistas. Sería por ello inexacto llamar a Pico, por este lado noético, un precursor del racionalismo moderno. Gentile quería ver en Pico un «idealismo cristiano» contrapuesto al «intelectualismo griego». Pico se mueve aquí más en el terreno práctico de un hacer y un hacerse por el comportamiento.

Igualmente desenfocado sería una interpretación de la libertad en el sentido sartriano de una libertad sin límites y sin horizontes, como una libertad terminal cerrada en sí misma, sin referencias algunas a algo fuera de sí misma; el destino del hombre identificado con su elección, cualquiera que sea, todo justificado o irrelevante para una valoración ética a condición de que haya sido realizado en libertad. Sería la traducción más exacta de una libertad abierta que se da (por Dios) no para hacer esto o esto, según una determinada naturaleza con sus exigencias, sino más radicalmente para ser.

Es evidente, con solo plantear el problema en su crudeza, que Pico no puede entender la libertad dada al hombre para dejar a su arbitrio, sin implicaciones morales o religiosas, el elegir el ser esto o lo otro. La condición del hombre con esa libertad radical, desde la que tiene que decidir, no anula ni altera el estatuto del bien ético o perfección moral, tal como lo ha mirado el hombre medieval, y Pico lo es en alto grado. El camino es lo nuevo, el fin y *destino del hombre sigue siendo el mismo. Pero si la libertad nueva dada al hombre no excluye sus condicionamientos éticos y religiosos, hay acentos nuevos dignos de señalar.*

Libertad como poder

Ciertamente hay mucho nuevo en ese camino. Podemos decir que apunta aquí un aspecto de la libertad humana que, sin ser nuevo, enlaza con posturas extremadamente modernas y aún utópicas. Creeríamos que vuelve con toda su fuerza y por cauces inéditos el concepto de libertad agustiniana, a saber, la visión positiva de una voluntad desembarazada de presiones del instinto, de lo pasional e irracional para realizar el bien, una libertad psicológica que encuentra el camino expedito para la virtud, para el bien, opción por el bien superando obstáculos; es como vio y soñó la libertad Agustín, testigo excepcional de una voluntad atenazada por las pasiones, una libertad trabada y aherrojada en la cárcel de este cuerpo y sus ciegas apetencias. Pero en Pico habría algo más que esta libertad expedita, liberada de enemigos del bien. Una voluntad guiada no ya por la ley, la obligación o el deber, sino constituida originariamente en una posibilidad de moverse en la dirección elegida libremente; un ir al bien no porque se debe, sino porque se puede. Si antes libertad era dominar y vencer los enemigos del bien, ahora, más de raíz, es simplemente poder *ser esto* bueno, *antes de toda compulsión de ley u obligación; ir al bien por el bien que se quiere; no qué se me prescribe, sino qué se me ofrece como posibilidad. Toda la concepción, a veces dura e inexorable, de ser sometido a un orden rígido de preceptos, flanqueado por abismos de riesgos eternos y esperanzas tras-*

cendentes como apoyos, y para muchos, únicos soportes morales de un obrar derecho, quedaría sustituido por otra concepción desahogada del hombre como un poder abierto, estimulante hacia el bien propio que sólo por sí mismo, sin referencias extrínsecas es ya una motivación para la voluntad naturalmente buena, aunque solicitada por bienes menores o engañosos o envuelta a ratos por las tinieblas del error. Una libertad así no es un ser libre para hacer algo, sino libre para ser lo bueno y lo mejor. Pico no ha necesitado urgencias de deber, ni presiones ambientales para ilusionarse con su carrera elegida ·de conocedor de todas las ciencias humanas entonces asequibles. En la pintura del hombre abierto, de posibilidades para todo, con poder en sí mismo para aspirar a lo mejor, ha dado su propia medida y retrato humano, el que siente que será la mayor oportunidad para todo hombre.

No diremos que a Pico hay que alinearle con los que en tiempos más modernos han formulado la teoría de un hombre ideal capaz de realizar su existencia individual y más en concreto social y política sin necesidad de presiones exteriores de ley o de poder, con una versión laica y profana de la libertad agustiniana, con desmedida y soñadora fe en la radical bondad del hombre, a la manera de Rousseau o de Proudhon, pero sí pensamos que se habría adelantado al espíritu de todas estas concepciones positivas e iluminadas de la vida del hombre, cuando ha puesto el acento de lo grande y maravilloso en el hecho radical de que el hombre es el ser capaz de elegir por sí mismo lo que quiere ser, y, naturalmente, de elegir y realizar por sí mismo, antes de toda ley o fuerza exterior coactiva, su más alto ideal, de ser el propio artífice de su suerte, no libre de cualquier cosa, sino libre para realizar su bien elegido en un universo ilimitado de posibilidades.

Libertad y microcosmos

Está ya insinuado y es obvio; Pico no deja al hombre ser lo que quiera; ninguna indiferencia para el qué deba o le cumpla realizar. A renglón seguido de aquella nueva descripción de la posibilidad abierta del hombre para serlo todo, suena su admonición: «Pero, ¿a qué viene todo esto? Para que entendamos que, una vez nacidos con esta condición de que seamos lo que queremos ser, hemos de procurar que no se diga de nosotros aquello de: "Estando en honor, no lo conocieron..." "No convirtamos en perniciosa la saludable opción libre que nos otorgó."» La indiferencia constitutiva radical del hombre, para el poder ser lo que elija, se dobla con una marcada diferenciación moral, que no deja resquicio alguno para una realización indigna del hombre; bien entendido y subrayado por Pico que no es esto una como coacción moral o legal que obligue, es lo más nuevo y creador de la intención de fondo de Pico, sino una posibilidad ofrecida que obrará de estímulo para ser eso bueno y elevado que se puede ser. Justamente el poder ser lo inferior y lo bajo abrillanta el ser lo superior y lo sumo, eligiendo sus posibilidades hacia arriba desde sí mismo, y despreciando las posibilidades hacia abajo; es una aplicación de lo maravilloso de la libertad, el optar por esto desechando lo otro; más mérito ser esto, lo bueno ordenado porque quiere, que serlo por determinación de su naturaleza, o por determinación positiva de ley o imposición de fuera. El hombre no tiene más posibilidad de realizar su ser propio que recorrer hacia arriba la escala de perfección a la que está llamado y destinado por Dios. Sólo el bien humano posible constituye el camino hacia la realización de su auténtico ser. Ni con lo bueno se contenta; «una cierta

santa ambición de no contentarnos con lo mediocre, sino anhelar lo sumo».

El ideal del hombre queda, pues, inalterado
por el estatuto de la libertad, es el ideal humanista
del Renacimiento, el hombre perfecto, el «teleios»
griego, y el medieval, cristiano.

«Oratio y Heptaplus»

Al que lee el comentario al relato de la creación de los primeros capítulos del Génesis, el Heptaplus, donde viene más detallada y analizada la
formación del hombre, ese cuarto mundo, al que se
dedica el libro IV y buena parte del libro V, no deja
de sorprenderle la ausencia de este encomio de la
libertad del hombre, incluso cuando se vuelve a
aludir al dicho de Mercurio: «Gran milagro, Asclepio, es el hombre.» O Pico moderó su lenguaje,
piensa uno, como si aquella exaltada descripción
de la libertad de la Oración le pareciera luego, al
Pico enmendado por la experiencia amarga pasada, menos seria, o que se centrara ahora en aspectos más profundos, o quizá más probablemente,
que aun allí en la Oratio el lado de la libertad pintado con tanta originalidad no tuviera todo su sentido sino referido y aún subordinado a los otros
aspectos. ¿Algún motivo más profundo y determinante en la mente de Pico que el de la libertad? No
excluiríamos la hipótesis de una cierta retirada en
el énfasis juvenil y novedoso puesto allí en la libertad, pero a la luz del interés también allí puesto
por Pico para espolear al hombre a realizar libremente su verdadero destino y hacer así honor a la
dignidad y honor en que fue colocado por el Hacedor, creemos que no hay oposición fundamental
entre los dos aspectos, libertad e ideal de perfección. Pero reconoceríamos una cierta primacía de

este aspecto moral sobre el formal, la libertad. La libertad maravillosa y todo, sería el medio, no el fin. Esto podría rebajar el entusiasmo del hombre moderno por el mensaje de Pico que sería en esto menos moderno, más cortado por el patrón del hombre medieval. Habremos de admitir que la interpretación práctica del hombre que recibe Pico, no simplemente del fondo moral de la teología o la ética básicamente aristotélica, sino de toda la tradición desde sus múltiples fuentes, es el motivo central de toda su antropología.

Casi diríamos que todo lo nuevo de Pico en este punto no es sino una nueva versión del concepto ya tradicional del hombre como microcosmos, «minorem mundum». A desenvolver esta imagen consagra Pico una parte importante del citado comentario al Genésis; allí podemos detectar en toda su amplitud su teoría del hombre. En la Oración, *una vez presentada aquella imagen nueva del hombre, todo lo siguiente de la primera parte va dirigido a mostrar las vías de realización moral y religiosa del ideal humano, rectitud moral, rectitud de pensar (lógica), conocimiento de la naturaleza (filosofía) culminando en la teología, especulativa y contemplativa. Aquí en el* Heptaplus *tienen su propio desarrollo las teorías sobre el hombre recogidas y reelaboradas por Pico. Para su comprensión total será menester juntar los conceptos vertidos en las dos obras,* Oración *y* Heptaplus. *El concepto central es el del microcosmos o mundo en pequeño. La* Oración *acentuaba la distancia del hombre respecto de cualquier forma particular de ser, su indeterminación o indiferencia activa, no ser nada para estar equidistante de todo; «te coloqué en el centro del mundo... para que volvieras más cómodamente la vista a lo que hay a tu alrededor»; ahora se pone el acento en que lo es todo, «omniun in se creaturarum substantias et totius universitatis*

*plenitudinem reipsa complectitur», como vínculo y
nudo de toda la creación, concepto éste ya existente en la* Oratio. *En este «reunir y coligar las naturalezas de todo el mundo» pone Pico ahora la dignidad del hombre. El hombre es un poco aparte de
todo lo creado, como un cuarto mundo después del
primero, el intelectual (ángeles, inteligencias separadas de los antiguos), del segundo, el celeste y del
tercero el sublunar (tierra), o más que un cuarto
mundo, «una nueva creatura, complejo y reunión
(colligatio) de los·otros tres». Precisa Pico que no
entiende esta continencia (complicación diría el
Cusano) como una eminencia o superación de lo
que tiene debajo de sí, ni como los ángeles que
«con su conocimiento en algún modo contienen
todas las cosas», sino reipsa, porque tiene los cuatro elementos: fuego, tierra, agua y aire, un cuerpo
espiritual más divino que los elementos con el que
desempeña todas las funciones de la vida de las
plantas, tiene los sentidos de los brutos y participa
de la mente de los ángeles; de todas estas naturalezas juntas una posesión divina. El hombre no está
por encima de los ángeles y de las inteligencias,
pero supera estas esferas de seres porque, participando de su misma perfección, contiene todas las
otras por debajo de él; y éste es el gran milagro a
que se refería Mercurio hablando a Asclepio. No el
ser grande, sino el serlo, por decirlo así, todo.*

Balance y equilibrio

*Hemos distinguido y casi enfrentado estos dos
conceptos capitales de la antropología piciana,
libertad y dignidad. La* Oratio, *con su frescura de
estilo, casi petulante, primaba la libertad, tan de
raíz entendida por Pico, no un libre para hacer*

algo, sino para ser a elección esto o lo otro. El énfasis de la Oratio no se mantiene en las obras posteriores, del tiempo más serio de Pico, y parece correrse hacia el otro lado, la dignidad, sentido, posibilidades de superación y ascensión brindadas al hombre, invitación a realizar por ella su propio, su único verdadero destino. Esto segundo parece imponerse como dominante en el cuadro total. Al parecer queda rebajada la «maravilla» de la libertad, cuando de hecho se le marca al hombre un camino bien determinado, del que no se apartará sin bajar de su dignidad, sin defraudar su mismo ser. Así, Pico resulta, en definitiva, más medieval y antiguo que moderno; el ideal para el hombre sigue siendo la imitación de Dios mirado con ojos plotiniano-cristianos como Unidad simple comprensiva de toda perfección. Diremos, en definitiva, que los dos aspectos se conjugan cómodamente. Lo antiguo es que el hombre sólo será lo que debe ser cuando realice el programa de vida alumbrado por la especulación filosófica y teológica tradicional. Lo nuevo, que eso lo realizará, no desde una determinación de su naturaleza hecha ya en su origen para ello, ni desde determinantes externos, ley, deber, imposición moral, sino desde la propia opción, desde su radical poder-ser indiferente y activo, como creador de sí mismo. El poder-ser lo otro, posibilidades hacia lo inferior al hombre, nunca en Pico son verdaderas posibilidades de realización humana, sino argumento de excelencia y «dignidad» por haber sabido desestimarlas, sometiéndolas y sacrificándolas a las otras superiores. Algunos, H. de Lubac, llaman a esto limitación de la libertad. Acaso sea más conforme con la intención de Pico decirlo la mejor realización o ejercicio de la libertad, más brillante cuando, por la propia opción del hombre, sin la presencia o al margen de la presencia de factores limitantes, se ha empleado

en lo mejor y, por la misma opción, se ha desecha-
do lo bajo o lo menos bueno.

Unidad

Dignidad y libertad del hombre, síntesis y anillo del cosmos, se relacionan armónicamente con el otro motivo central del pensamiento de Pico: la unidad. No se podrá separar todo lo que dice Pico en su Oratio *y en su antropología del* Heptaplus *genesíaco, de la concepción de la unidad desarrolla-da, ya ocasionalmente en el mismo* Heptaplus, *y más de propósito en el otro escrito posterior com-puesto tres años antes de la muerte de Pico, dos después del comentario genesíaco. Nos referimos al escrito* De Ente et Uno, *concebido inicialmente como un intento de demostrar la armonía entre Platón y Aristóteles, en realidad una teoría que tie-ne menos que ver con estos dos griegos que con el neoplatónico cristiano Pseudo-Dionisio y con el mismo Plotino, inspirador de aquél.*

Colomer, que ha estudiado asidua y detenida-mente al Cusano y sus conexiones e influjos recibi-dos de Ramón Llull, enlaza también a Pico con el Cusano, su visión igualmente neoplatónica de la unidad. Admitiéndolo, hemos de convenir en que la fuente común de todos: Llull, Cusano y Pico, es la vieja teoría especulativa y mística de la unidad y simplicidad de Dios, el Uno de Plotino, eco del «epékeina tes ousías» de Platón (más allá de la esencia), y, derivada de ella, la radical trascenden-cia de Dios, inexpresable con palabras ni concep-tos humanos; teología negativa, problema de los «nombres divinos».

Ya en el Cusano estaba desarrollada esta teo-ría de la unidad, contrapuesta al número. El nú-mero y multiplicación, como un derivado en infe-

rior escala de la unidad. *Unidad, no estática y muerta, mero patrón uniforme de medida aplicada a las magnitudes; concepto más bien cualitativo, de primacía, fontalidad y medida normativa, como modelo superior. Unidad pura y simple, sin partición interior ni composición, simplicidad comprensiva que es condensadamente muchos sin explicitarse* (explicatio diría el Cusano). *Frente a ella el número es lo posterior, lo diviso y roto, reunido en unidad a base de juntar en uno muchas piezas, el número como una unidad rota en pedazos que remite cada uno a su unidad primitiva entera, de la que es todavía señal y reflejo. Así se verá a Dios como unidad simple antes de toda dispersión o «explicación» de perfecciones en la creación, en todo el ámbito del ser finito.* A esta unidad ejemplar divina junta Pico la teoría unificante de Anaxágoras y atomistas de presencia elemental de todo en todo; «lo que hay en todos los mundos al mismo tiempo esto se contiene también en cada uno, ni hay uno en el que no esté todo lo que hay en cada uno, opinión que creo fue de Anaxágoras».

Estos conceptos de unidad y número o multitud son ya utilizados en el Heptaplus *y referidos al hombre que, siendo el cuarto mundo o una nueva creatura que comprende en síntesis los tres anteriores, está llamado a hacer en sí la unidad de todos, para servir a todos de vehículo o camino de retorno a su creador. El tema vuelve muy de propósito en el* De Ente et Uno. *Para sorpresa de muchos, y pensaríamos ahora en Heidegger, puesto en demostrar o suponer que la ontología tradicional se movió en torno a los «entes» con olvido del Ser, Pico, siguiendo la trayectoria mental del Pseudo-Dionisio, se esfuerza por hacer ver que Dios está más allá del Ente, pues ente es participado, participación del Ser, no el ser mismo; Dios es el «ipsum esse», alusión a Santo Tomás de Aquino y a su dis-*

tinción de esencia y existencia. Dios es así la Unidad más allá de la composición o concreción de todo concreto. Así se entienden las expresiones dionisíacas de Super-Ens, Super-Sapiens, Super-Bonum. Dios sería, en su soberana simplicidad, el mismo Ser. Aun la denominación de Uno, que no elimina por completo la connotación de lo concreto, como el Verum y el Bonum, sería inadecuada, pero, anota Pico, expresa mejor que Ente la simplicidad divina.

En definitiva, «a Dios lo concebimos como la universalidad de todo acto, plenitud de todo ser». Pico nos tiene acostumbrados a recorrer, con nuestros comportamientos morales, los pasos metafísicos y teológicos con que ha descrito la realidad. Dios es el modelo, la unidad norma de la existencia del hombre. El ideal práctico humano se concretaría en imitar a este Dios y su unidad. No podía faltar esta llamada ética y parenética al final de sus elucubraciones del sutil tratado De Ente et Uno, «si esse beati volumus, beatissimun omnium imitemur Deum, unitatem in nobis». No es ajeno al motivo de la dignidad y de la libertad antes desarrollados. La visión del hombre de Pico vuelve a su fondo cristiano y en él tiene toda su significación. Libre el hombre para realizar la propia existencia, que no tiene más límite que el mismo Dios en su omnicomprensiva perfección y en su unidad absolutamente simple. Ello tendrá su literal expresión ya en la misma Oratio cuando Pico pone a los anhelosos de llegar hasta lo más alto y perfecto, más allá de lo celeste (el mundo intelectual o angélico) «si (vieres) a un puro contemplativo, olvidado del cuerpo, recluido en las intimidades del espíritu, ese no es un animal, terrestre ni celeste, es ese un superior numen revestido de carne humana». Se percibirá nítido el eco del final místico de la sexta Enéada, «fuga del sólo al Solo», o «centro en el centro», expresando la sublime unidad del alma contemplativa con Dios, tan repetida y familiar en toda la tradición mística, del Pseudo-Dionisio (plotiniano) hasta Giordano Bruno; «yendo por todas las cosas con un movimiento de centro al centro... disolviendo el Uno en la multitud..., tornándolos a la Unidad..., hasta que lleguemos a la consumación descansando con felicidad teológica en el seno del Padre»; «con una unión indisoluble, en amistad unánime, en que todas las almas no sólo concuerdan con una Mente sobre toda mente, sino que en cierto modo inefable se hacen por completo una cosa con Ella».

Unidad y totalidad en Dios en el ápice del buen empleo de la existencia humana, que, naturalmente, en línea con toda la tradición intelectualista aristotélico-escolástica, culmina en la vida intelectiva, contemplativa, en el conocimiento más alto del más alto objeto, la misma realidad divina. Pico, a fuer de concordista, juntará el lado del corazón al ejercicio intelectivo contemplativo. Con sabor agustiniano, que ama lo que conoce y conoce para más amar, Pico pone poéticamente la fuerza de esta ascensión a la cumbre en las alas del amor. «¿Quién nos dará las alas para que volemos hasta allí? El amor de lo que hay allá arriba.» Conseguir esto es la tarea alta y digna y necesaria del hombre para ser lo que le cumple ser, lo que puede y debe ser; bastará tomar en serio el propio ser, en serio y con realismo, a saber, resueltos a vencer los impedimentos de esa unidad dentro de nosotros, condición y como escala para arribar a la unidad inefable con la purísima Unidad de Dios, identificados con Él, hechos una cosa con Él. Imitar a Dios es rehacer en nosotros la unidad, cuya paz la rompe la ambición dilacerando el alma, disparándola y desgarrándola hacia muchas cosas; el esplendor de la verdad lo perderemos en el cieno, en la tenebrosidad de las apetencias; la bondad nos la roba la rapaz codicia, la avaricia. Juntando evangelio y morales paganas, resumirá Pico en las tres concupiscencias, soberbia de la vida, concupiscencia de la carne, y concupiscencia de los ojos, los enemigos de las virtudes que nos acercan a la unidad limpia de Dios. Es, en definitiva, el programa moral, de conducta, de empleo de la libertad, el que tiene ante los ojos Pico cuando traza como realizable el mejor destino humano. Si lo maravilloso es en el hombre el poder ser lo que quiere, su libertad, en definitiva, lo grande y la dignidad suya estará sólo en realizar libremente, y por su propia opción el único camino que le hace ser a plenitud hombre. Un complemento ético-religioso que no será del caso desarrollar aquí es la coyuntura especial del cristiano invitado a realizar esa vocación mediadora unificante del hombre, microcosmos, vínculo y lazo del universo, a través de Cristo, primogénito de toda creatura, en el que ya se realizó de un modo perfecto el oficio de medio y de Mediador, el que «in seipso iam extrema unit».

La ciencia

Puede ser éste el tercer gran motivo de la Oratio. Pico va a presentar y defender un catálogo de 900 Tesis, que bien puede compararse a un resumen enciclopédico de todo el saber del tiempo acumulado por él con su precocidad y curiosidad insaciables. Humanista, enamorado del buen decir y de todas las buenas y bellas formas para darse el hombre una nueva imagen del mundo más positiva. Pico ha valorado, por encima de todo, el contenido, las cosas, el fondo. No importa que esa ciencia esté contenida en vasos ruines, como el vilipendiado lenguaje escolástico medieval. La antes mencio-

nada Carta a Hermolao Bárbaro *es una toma de postura de Pico frente al humanismo literario italiano, del que había sido mentor y maestro cualificado el propio Hermolao. Pico caracteriza esta pasión por el buen decir y la elegancia de la forma como una preocupación por el ropaje externo y como una derivación sofística de empujar el lenguaje a la eficacia de la persuasión desligada de la búsqueda y presentación de la verdad. De ahí el desprecio de las elucubraciones abstractas y «sórdidas» expresiones de los filósofos. No quisieron estos vivir en las escuelas de los gramáticos, retóricos o pedagogos, sino en los círculos de los filósofos, en las asambleas de los «sapientes». Los temas y recursos literarios de los oradores son fábulas. El arte de persuadir no mira si es verdad o falsedad lo que se aduce para llevar al oyente a lo que queremos que piense; se estiran, se contraen las cosas según convenga al intento retórico; volver lo blanco en negro y lo negro en blanco, es su mérito. Pico prefiere la desnudez de lo verdadero al ornato de lo falso o lo huero. La ciencia es seria, simple, aborrece el floreo, la pompa del discurso; es para personas formadas, no para niños.*

Pasa Pico en la segunda parte de la Carta *a disolver las objeciones del recalcitrante, del que querría al menos que la filosofía, si no se produce con frases elegantes, por lo menos que sean latinas, no «bárbaras», inexistentes en los autores clásicos. Pero, replica Pico, ¿es que no son latinas las nuevas palabras inventadas para los nuevos conceptos? o ¿es que no eran latinos en su hablar aquéllos que aún no habían elaborado los romances hijos de Roma? Si al pronto parece mejor juntar elocuencia y sabiduría, la verdad es que es preferible que el oro luzca con su propio brillo en vez de taparlo con sobreañadido aderezo. Sin elocuencia, sin lengua, se puede vivir, sin corazón, sin algo* dentro se es un muerto. Lucrecio bien que adornó sus filosofías con lenguaje bello. Pero ¿de qué le sirve haber endilgado tal serie de absurdeces, comparado con el escueto y seco Juan Escoto (Eriúgena), que alumbró tan altas verdades? Pagando tributo al uso retórico, no menos que al dialéctico, en buena manera parisiense, confiesa Pico al final de su carta que sus objeciones van en la línea de los «artificiosos» oponentes de una disputa escolástica no porque esté convencido, sino por dar ocasión de lucimiento al defendiente. No es ciertamente que no esté él convencido de su tesis «oponente» contra las pretensiones «humanistas»; es evidentemente la Carta una requisitoria contra ellos, defendiendo la filosofía sobre la retórica, el saber de las cosas sobre el decir bello sobre ellas. La resultante, muy en línea humanista y de Pico, es que él querría juntar el buen decir (y lo ha hecho a la perfección) con el buen pensar. Y para bien que el destinatario, Hermolao, sea así un ejemplo de esa junta, elocuente y filósofo, final adulatorio, casi frívolo, de la Carta.

De hecho, Pico ha tomado en serio la ciencia humana, que tiene por nombre genérico la filosofía, y en ello, en la ciencia, se comporta con parecidos rasgos a los que han caracterizado su visión general del hombre, a saber, apuntando a la unidad y pluralidad.

También él ya personalmente se situó ante la ciencia con una actitud inicial de cierta indiferencia positiva, con un anhelo de saber de todo, sin ceñirse ni encerrarse en un sector ni uncirse a ninguna interpretación o visión particular que cortara antes de tiempo los vuelos de su espíritu.

La universalidad de la ciencia, abertura a todo lo que se sabe y se puede saber, quedó bien testimoniada en la redacción de la lista de las 900 Conclusiones, cuya plural pertenencia a escuelas, autores, filosofías, religiones, tiempos y culturas ha *sido notada anteriormente. La Oración introductoria, que arrancaba de la «maravilla» del hombre, su libertad, fue definida por el mismo Pico como un discurso en elogio de la filosofía, y la segunda parte es una briosa apología de la ciencia allí contenida y de la oportunidad de ser expuesta y sostenida en forma de discusión pública al estilo de París.*

Tal universalidad, que honra ya con nota personal y única en el tiempo a su autor, presenta algunos rasgos no menos característicos.

Lo teórico y lo práctico

Lo primero, no es la autonomía o suficiencia del saber que podría reflejar el lema aristotélico, portada de su Metafísica: «Todos los hombres desean saber», un saber por saber, aunque el mismo Aristóteles puso en este saber, en la cumbre, la actividad más digna y característica y beatificante del hombre. En Pico claramente este saber es el instrumento y el camino obligado para realizar el hombre su mejor posibilidad, su opción por lo más humano. A renglón seguido de la presentación del hombre en la Oratio traza el itinerario por el que ascenderá a su verdadero ser imitando los coros angélicos: Tronos, Querubines, Serafines. En múltiples versiones con rememoraciones típicas profanas y sagradas, se repite el mismo esquema de progresión: purificación moral, cultivo de la filosofía natural para conocer las cosas creadas por Dios, y en la cumbre, la teología, tanto la especulativa como la contemplativa mística. Itinerario soldado en continuidad. Lo moral y lo especulativo, lo práctico y lo teórico fundidos en un coincidente empeño, superación y elevación hasta la unión y unidad con el Dios que está en lo alto de la escala de Jacob.

Unidad de la ciencia

No es un capricho el afán de Pico de concordar a Platón con Aristóteles, o, alargando la lista a aquellas binas opuestas, a Tomás con Escoto y a Averroes con Avicena. Se oponía en ello a los furiosos enfrentamientos rivales del momento, furia, desde luego, más retórica que profunda; Platón, el olvidado por los medievales, disputándole ahora el terreno a los aristotélicos. Pico es también aquí el hombre de la concordia, de la paz ganada a fuerza de distanciamientos previos liberadores; no le ha repelido el Aristóteles de los escolásticos, ni Tomás, ni nada de lo que ahora se mira con recelo desde las nuevas exigencias humanistas de forma y belleza de lenguaje. Pico profesa libertad de partida frente a todas las escuelas y maestros, afecta no adherirse a ninguno pedisecuamente, para volverse a todos con imparcialidad. Pero esto no es nunca desinterés, cuando tanto trabajo dice él haber puesto en conocerlo todo. Ni desinterés ni apatía indiferente, pero tampoco lo que diríamos hoy eclecticismo o sincretismo consistente en sumar y juntar opiniones con lazos flojos; un argumento en favor de esta floja juntura sería el aparente amontonamiento indiscriminado de las Conclusiones, 900, prontas para la Disputa pública. No sólo Platón y Aristóteles; lo griego y lo cristiano, la magia y la cábala, la ciencia de los números, los saberes orientales, caldeos, egipcios, todo lo que pudo rebañar Pico en su portentosa cabeza, y pensamos que cualquiera otra fuente de conocimientos exóticos que le hubiera llegado, habría tenido lugar en su dilatada lista, todo ello habría entrado allí seguramente con aspiraciones de unidad o co-

herencia. Pero creemos que la interminable capacidad de absorción de saber que refleja y anhela Pico tiene otra clave de explicación. No es imaginable una potencia analítica que relacionara entre sí tal indigesta suma de doctrinas y proposiciones. Igual que en Nicolás de Cusa, e igual que en Llull y otros genios medievales, habrá que ir a algo anterior o más profundo, a una cierta intuición de base, desde la cual se avizora todo aquel conjunto con criterios de unificación o reducción a vértices de convergencia. Pico estaría convencido de que saldría a flote en una supuesta y ansiada confrontación dialéctica con sus adversarios, no por su sola agilidad mental y memoria, no por sus dotes retóricas de defensa y ataque con razones certeras o capciosas, sino por la seguridad de poder referir cualquier cuestión a centros fundamentales de doctrina, capaces de iluminar un punto determinado.

En esta reducción o reducibilidad a puntos centrales unificantes, Pico no hace sino seguir el método introducido en el Medievo, cuando a la «divina página», doctrinas interiores de las fuentes cristianas, libros sagrados y Padres, sobre todo Agustín, comenzaron a sumarse, corroborando y coincidiendo en las verdades fundamentales, las autoridades profanas, el Aristóteles nuevamente descubierto, a la altura del siglo XII. Esto provocó el rechazo y la desazón mental de los «tradicionales», que, como Pedro Damiano, como Bernardo, no podían con paz oír mezclar a Pablo con Platón, a Hermes, Mercurio, con Agustín, a Atenas con Jerusalén. Fue el gran escándalo que acompañara a Abelardo; no se concebía que hubiera otra verdadera ciencia fuera de la recibida de la tradición creyente y piadosa. La petulancia de Abelardo a la que Bernardo opuso una resistencia coronada con la final reprobación de Abelardo (concilio de Sens ratificado por Roma) es el precedente histórico de la pretensión piciana de argumentar con griegos, cábala, caldeos, Pitágoras, Esdras y judíos veterotestamentarios en favor de las doctrinas ortodoxas cristianas.

Frente a las reservas destempladas y agresivas de los «tradicionales», estos hombres «modernos», y Abelardo, Gilberto Porretano y otros fueron en esto modernos, capaces de irritar a Bernardo, partieron de bases que no eran paganas, sino bien cristianas, a saber, la unidad de toda ciencia, como emanada de la única fuente, Dios, y la sabiduría divina, el Verbo, que habría igualmente iluminado a los entendimientos bendecidos con la fe y a los que, sin esa fe, accedieron a la verdad.

Hay detrás de todo esto una suposición que se ha referido con razón a la cosmovisión agustiniana, agustinismo epistemológico, que no quiere cortes ni fronteras entre una economía de creación y otra de salvación, más terminantemente dicho entre dos órdenes, uno natural y otro sobrenatural; la unidad de Dios y, desde El la unidad de su obra toda, llevaría a no separar demasiado ni menos enfrentar una luz de conocimiento para los creyentes cristianos y otra para los no creyentes paganos o creyentes de otras religiones; desde un único foco de luz, una posibilidad de reducir toda ciencia humana a una correspondiente unidad, aún, y precisamente, desde las reconocidas diversidades doctrinales de la historia. No fue difícil para una mentalidad cristiana ya de primera hora ver en todo lo sabido por el hombre algo positivamente referible a lo cristiano; Justino, educado en gentilidad y filosofía griega vio en todo lo verdadero o bien dicho (kalós) algo propio de los cristianos. En las odas virgilianas se proyectaron anuncios del Mesías; natural y obvio fue ver en Séneca un pensar y un sentir cristiano. Esta propensión a nivelar conocimientos o coordinarlos y concordarlos desde la supuesta unidad de la fuente de todo saber y la receptividad universal humana para aquella comunicación de la verdad, es la que habrá que atribuir también a Pico. Mérito peculiar suyo el haber encarnado tal presuposición de origen religioso, agustiniano, en su espectacular asimilación de todos los saberes de su tiempo.

Con esta base religiosa, metafísica y gnoseológica habrá que tener no menos en cuenta la peculiaridad de método, que llamaríamos «planificante», que no es exclusivo en Pico, sino acorde con el uso anterior y contemporáneo; queremos decir la ausencia de la historia a la hora de pesar y valorar argumentos y doctrinas.

Hasta fechas bien cercanas a nosotros no se ha desarrollado el sentido histórico, que distingue planos y sitúa críticamente no sólo los hechos, sino también ideas, actitudes y doctrinas. Para una mentalidad a-histórica o menos histórica, todo está en un plano, como voces que se pronuncian en torno a un punto equidistante. No importa lo que cristianos, mahometanos, griegos, caldeos y egipcios hayan pensado desde culturas y cosmovisiones alejadas por el tiempo y con pocas conexiones visibles entre sí; importa lo que dicen ahora, según los textos leídos con una vista intelectual niveladora y un lenguaje unificante que simplifica, porque ignora los matices y los contextos incomunicables de las diversas situaciones históricas en que se producen. Es un argumento, aunque falso, de la unidad de ciencia que anhela y vive Pico. La componente religiosa, tradicional y esta dimensión histórica del método dan cuenta en buena parte de la pretensión piciana; son el soporte necesario de la siempre limitada capacidad para asimilar coherente y concertadamente aquel maremagnum de conocimientos que llevaba a la Disputa. Así, Pico, igual que sus contrincantes envidiosos, no sabía lo que ignoraba.

Magia y ciencia

Comte, en el siglo XIX, tuvo empeño en señalar el momento histórico en que una determinada ciencia alcanzaba el grado o estado positivo, su condición de ciencia, descolgada de presupuestos o principios transempíricos, teológicos o metafísicos. El Renacimiento significa los primeros decisivos pasos hacia aquella clarificación en los métodos propios al alcance del hombre para conocer y dominar la naturaleza. Es ya la marcha hacia la autonomía del orden natural. Pero era mucho pedir al tiempo el reducirse a registrar fenómenos y sus leyes. Entonces y hasta Descartes se creerá en sustancias, esencias, cualidades formales activas, causas, combinadas con la materia y responsables inmediatos de todo el acontecer físico. Era, en todo caso, un gran paso el salir de la mentalidad del Medievo, donde lo prodigioso, extraordinario y milagroso no sólo tiene su lugar propio en la marcha del mundo, sino que es deseado y esperado, si no provocado o invocado, donde unas «voces» (Juana de Arco) o unos consejos trasmitidos por Dios a través de una Santa (Catalina de Siena) deciden en ocasiones de la marcha de la Historia. El mundo es un escenario de las acciones de Dios, intervención de lo sobre o preternatural, ángeles, espíritus o almas iluminadas. Cuando no son los astros con sus influjos misteriosos, la buena o mala estrella, los signos del zodíaco, todo el arte y ciencia de la astrología que también dará tema de importante reflexión a Pico. Cuando hoy, como evasión lúdica de lo serio, todavía revolvemos horóscopos, no nos extrañaremos de que al filo de aquellos siglos de transición a lo moderno haya fe en esos poderes extraterrenos, que haya un arte supersticioso de evocar o conjurar espíritus, que se acuda a ellos para suplir las ignorancias del hombre. Por el tiempo de Pico tiene su lugar histórico la leyenda del Doctor Fausto, basada en un personaje real (1480-1550), al que se le atribuye el haber vendido su alma al diablo para obtener de él una ciencia arcana, prohibida, de los secretos de la naturaleza. Es condenado, por ello, como nueva edición del Prometeo que se atrevió contra los dioses, robándoles el fuego en beneficio de los hombres. Pero esta condena significa el final de una mentalidad. Ya no será nefando, demoníaco el saber de lo oculto del mundo, sólo será execrado el procurarlo por medios preternaturales, con invocación de espíritus tenebrosos. Hay ya una línea divisoria que separará dos mundos distintos y opuestos, el de la magia perversa, demoníaca, preternatural, y la magia natural, que va a constituir, en los autores científicos del Renacimiento, el propio nacimiento de la ciencia moderna. Es decir, también aquí, en lo que se verá desde ahora como concedido y abierto a la ciencia natural del hombre, se dividirán entre sí dos direcciones muy definidas, la que aplica, ya desde Leonardo da Vinci († 1519), luego culminará en Galileo († 1642) el método matemático, que reduce los fenómenos naturales a cantidad, movimiento y correspondientemente a cálculo exacto, con modelos geométricos y resultados aritméticos, y la que no se desprende aún de lo cualitativo, activo más que mecánico, lo formal, lo oculto y fundamental y esencial de las cosas. Aun cuando se contempla el orden natural como un sistema de fuerzas internas, regulares, tan fáciles de comprobar y sentir como el calor y el frío, a lo que reduce Bernardino Telesio († 1588) todo el orden energético natural, ese frío y calor son mirados como «principios», esencias, naturalezas en el sentido escolástico, con raíces metafísicas. El mismo Bacon, el hombre moderno que introduce el método inductivo, que frena decididamente la imaginación para fijar el significado preciso y comprobado de los conceptos de la realidad, se queda, sin embargo, en lo formal, la causa formal, objeto de la filosofía natural, todavía con residuos de las esencias metafísicas medievales. Mucho más un Paracelso († 1541) que derrama su fantasía soñadora para dar nombre a las causas reales naturales; salamandras en el fuego, silfos en el aire, gnomos en la tierra, ondinas en el agua, y considera que detrás de los principios de las cosas, que designa con los nombres de sal, azufre y mercurio, hay ciertos espíritus, como pequeñas almas alojadas en lo recóndito de las cosas, operantes y responsables de los aconteceres del mundo físico. Para esto no bastará la observación, ni valdrá el cálculo matemático; habrá y se requerirá más la fantasía para penetrar y nombrar aquellas fuerzas ocultas. Ocultismo y misterio perviven en la consideración del mundo, pero no precisa salir del orden natural, ni invocar seres extraños reveladores; será el campo propio del ingenio humano que escudriña la naturaleza y persigue sus movimientos hasta sus más ocultos entresijos. Así mirada esta ciencia natural de los fenómenos naturales y con la potencia investigadora natural del hombre será llamada ahora magia natural, buena, bendecida y querida por Dios. Es la nueva magia que se abre ahora camino.

No dejará de sorprender el ancho espacio que dedica Pico a esta magia natural contradistinguida de la «otra» magia, la diabólica. Pico, que no se significó precisamente por la curiosidad científica de observación e interés por los fenómenos naturales, como tantos otros del tiempo, verdaderos pioneros de la ciencia moderna. Ni siquiera el espíritu matemático que caracterizó al Cusano, aun dentro de su pensamiento teológico y místico, tuvo oportunidad alguna relevante en Pico. Sin embargo, pone buen cuidado en delimitar esta nueva ciencia de las cosas, dando, como seguramente ningún otro en su tiempo, la teoría, límites y método de esta naciente filosofía y ciencia de la naturaleza.

La razón profunda está en que una tal ciencia, sus derechos y exigencias, estaban plenamente en la línea de su pensamiento fundamental, la dignidad del hombre, colocado en lugar estratégico de la creación, vuelto a todas las esferas del ser para verlo y conocerlo todo, convencido por presupuestos especulativos, de la pertenencia y continencia de todo en todo. El hombre, pequeño mundo, o mundo menor, había de sentir su solidaridad con todo el universo; investigar lo de fuera de sí era como ahondar en su propio conocimiento y, viceversa, conocerse era conocer todo el universo, el «gnothi seautón», lema délfico, era estímulo claro para abordar los misterios del mundo experimental. Aplicación de la vieja idea del «microcosmos».

Junto con ello rozaba aquí Pico uno de sus motivos más entrañables, la libertad del hombre, es decir, la absoluta responsabilidad de su ser y su suerte, sin concesiones a interferencias determinantes como fijadoras del destino del hombre sin contar con él; una intervención de poderes ocultos, preternaturales, demoníacos en el acontecer del mundo estarían en la misma línea de las supuestas fuerzas irresistibles puestas por la Antigüedad en los astros para decidir de la suerte de los mortales. Iría en esto Pico con el paduano de pensamiento, P. Pomponazzi († 1524), posterior a Pico, parecidamente enemigo de encantamientos, milagros, hado predestinaciones y factores extraños, no naturales, que forzaran el curso de las cosas y bloquearan el comportamiento libre y responsable del hombre.

Todo el largo párrafo [24] de la Oratio lo dedica Pico a esta legítima, recomendable y necesaria magia. Lo primero, la deslinda bien de la «otra», nula, vana, género de hechicería, condenada y execrada por la filosofía y por la religión en todos los tiempos, ésta practicada ya por científicos y filósofos renombrados de la Antigüedad y del tiempo reciente, mención expresa de Rogerio Bacon. Al investigador de la naturaleza lo pinta Pico como un mago; es un verdadero arte el suyo. No es meramente observar, es penetrar, es dominar con la mente, es dirigir los cursos de las cosas. Un argumento más de la exaltada libertad del hombre, admirable rey de la creación. La magia diabólica ata y esclaviza, porque se somete en ella el hombre a malignos poderes, la buena magia, al prescindir de ellos, libera al hombre y le convierte en soberano y dueño de esos mismos poderes. Arte y ejercicio mental para contemplar y conocer el orden de la naturaleza. Pero, más allá de conocer, se pone el hombre a su nivel, coopera y sirve a la naturaleza, se adentra en sus misterios y entresijos, en las fuerzas repartidas por Dios, en las semillas vitales y operativas escondidas, las saca de sus escondrijos, las provoca y estimula con ingeniosos recursos para que actúen y realicen, un poco al dictado del hombre, sus maravillas, sus milagros, «pulsa arteramente sus caprichos», poniendo en juego los «trucos» de los magos; no hace los milagros, pero coopera con la naturaleza para que ella los haga. Hay ya aquí en estas ingeniosas prácticas científicas, que nada tienen de magia de conjuros, todo un anticipo de los métodos de experimentación, provocando el hombre los fenómenos y resultados, casi los artificios del método «risolutivo» de Galileo y el abecé de todas las teorías experimentales de los científicos modernos; el hombre adelantándose con sus hipótesis heurísticas y provocando resultados esperados por él para corroborar sus intuiciones. Lo nuevo del método.

Intuición y fantasía que todavía remedarían el arte clásico del mago de conjuros o hechicero, sólo que ahora el protagonismo vuelve a la naturaleza, a sus fuerzas naturales, y el hombre desempeña el papel instrumental de pulsar las cuerdas de esta maravillosa sinfonía. A decir verdad, el secreto de tal eficacia estaría no como en la «otra» magia, en la presencia y actuación de poderes de fuera evocados, sino en la íntima trabazón y sintonía universal del universo, todo él solidario, como una armonía o «simpatía» (la «sympatheia» estoica, aducida aquí expresamente por Pico). Pulsar en un punto es poner en acto de resonancia todo el conjunto. Esta fue la base de toda la ciencia concebida como magia natural en el tiempo, Campanella, Giordano Bruno, incluso, alargando generosamente esta ciencia y arte mágico, hasta la «mántica» o arte de adivinación, por la comunicación y continuidad «simpatizante» de todo el universo; así lo entendió Bernardino Telesio. Pico menciona el ejemplo del labrador que, en sus usos empíricos, anuncia este maravilloso arte de utilizar, combinar y potenciar las fuerzas naturales, junta olmos y vides; a su ejemplo el mago (el sabio) casa el Cielo con la Tierra. Instrumento y todo acaba el hombre por administrar los tesoros de Dios y hacer, a imitación suya, el oficio de artífice, como si llevara él, en esos casos y con esos límites la dirección del mundo. Bella imagen renacentista de la ciencia naciente, como un arte de imitar a Dios cooperando con Él en la marcha activa, dinámica del universo. Galileo expresará adecuadamente esta intuición religioso-mística de la ciencia asignando al científico, explorador de la naturaleza, el oficio de remedar el papel creador de Dios, adentrándose en su plan originario como participando de los secretos designios de Dios. Si la ciencia atendía a conocer e intervenir en la marcha de las cosas, del mundo, a la luz de esa referencia al Creador, terminaría y culminaría en un ejercicio de religiosidad; nada ayudaría tanto al hombre a alabar a Dios como el contemplar y admirar así su obra, hasta prorrumpir en aquel grito de alabanza: «Llenos están los cielos...», expresión no menos de amor al soberano Artífice. Todo esto da la magia natural, y se comprende bien que Pico haya puesto todo ese énfasis en elogiar lo que a primera vista suscitaba sólo reservas y sospechas de malignas artes. El defender Pico la libertad del hombre y una correspondiente libertad o autonomía del mundo, le ha llevado a desarrollar una de las primeras teorías modernas de la ciencia, precisamente al deslindarla de lo que más antitéticamente se le había juntado a la ciencia en el tiempo anterior, a saber, superchería y engaño diabólico, o simplemente referencia de los fenómenos naturales a designios y acciones imprevisibles de Dios; con ello habría contribuido Pico a poner las bases de toda ciencia moderna, la regularidad natural del mundo en sus procesos sin intervenciones foráneas, y unido a ello, la posibilidad y conveniencia de ocuparse el hombre en conocer las fuerzas secretas, pero naturales, de los procesos mundanos y aun en conquistar el arte de manejarlas. Pico profesa saber mucho, más que sus oponentes envidiosos, no saberlo todo, pero sí tener la clave de un progreso indefinido en ese saber, su unidad fundada en la unidad y solidaridad del universo referida a la suma simplicidad del Autor de todo. Pico no ha dado sino en anticipación intuitiva las vías y direcciones del método científico moderno, no le ha interesado hacer ciencia física, como a otros, pero ha dado de un modo ejemplar la dimensión científica del hombre, armado portentosamente con este instrumento para realizar su soberana libertad en medio del universo sometido a su saber teórico y, germinalmente, técnico.

Cábala y ciencia

Para llegar a la unidad tenía Pico que abarcarlo todo. Podría parecer un apéndice irrelevante en el cuadro de la ciencia lo que entonces corría bajo el nombre de la cábala. Algo casualmente, como apuntamos más arriba, tropezó Pico con dos judíos expertos en esta arcana ciencia de los sabios hebreos, Elía del Médigo y Mitridates, dudosamente convertido este último, que se ufanaba de haber predicado ante Sixto IV dos horas un sermón de la Pasión, y que está relacionado con el movimiento, o moda «cabalística» que se produjo entre los teólogos romanos por el tiempo de Pico. Este se apegó con fervor a eso nuevo que flotaba en el ambiente y tenemos de Pico una de las más claras exposiciones sumarias de la dicha ciencia. Cierra todo el tratado del Heptaplus *y descorre el velo de aquel misterioso saber adquirido, según él, en su entusiasmo por dar cuenta de un modo muy expedito de las más altas verdades de la religión cristiana. Ya alude él al final de su* Oratio *a las excelencias de este novísimo método demostrativo (entendamos apologético), y menciona el episodio de un hebreo, Dáctilo, acorralado en la disputa por el cristiano Antonio Crónico, convencido por éste de las concordancias de la letra bíblica con el misterio de la Trinidad.*

En sustancia, la ciencia cabalística es un método de descubrir sentidos o significaciones ocultas en las palabras corrientes, sentido que no requiere precisamente una profundización en los significados de las palabras, sino un arte de juntar y combinar las letras o signos en que vienen expresados. Como un camuflaje ingenioso, o como un mensaje cifrado abierto sólo a quien domine la clave, como un sobretapar el tesoro para no ser visto por los transeúntes, a saber, por los lectores vulgares. Si

Llull inventó un arte popular para que sólo a la vista, y mediante giros y combinaciones de letras, se descubrieran nuevas verdades, como silogismos vaciados en combinaciones literales fáciles de manipular de modo intuitivo y mecánico, original anticipo de la pedagogía de la imagen y de la cibernética moderna, la cábala no es un arte de descubrir nuevas verdades con razonamientos implícitos, sino más sencillamente, un arte de descubrir sentidos artificiosamente ocultados mediante ciertas reglas combinatorias.

Pico se ilusionó con apropiarse los secretos de ese arte que le abría las puertas a una apologética contundente, cuasi matemática.

Como presupuesto, la convicción de que en los cinco libros primeros de la Biblia, el Pentateuco atribuido entonces sin disputa a Moisés, la «Ley», se contiene el saber completo de todas las artes, de toda la sabiduría divina y humana «omnium artium, omnis sapientiae et divinae et humanae integram cognitionem». Desde el comienzo, In principio creavit... hasta el et vidit Deus quod esset bonum, *se cuentan 103 elementos, letras, que, así como suenan, no dicen nada que no sea sencillo (de entender) para el entendimiento vulgar. Pero esto es la corteza, dentro está el meollo del misterio; despiezadas las letras y barajados los elementos según ciertas reglas, ocurrirá que se nos revelen doctrinas insospechadas, si sólo somos capaces de percibir la ocultada sabiduría, «si simus capaces occlusae sapientiae». No se trata de aprender (discere) allí verdades o doctrinas, sino sólo de conocerlas (cognoscere), descubrirlas o destaparlas, a lo que poco hará que miremos y ahondemos en el significado inmediato de las palabras. Por eso se hará aquello patente a los que sean capaces de aquella «arcana sabiduría», que no es profundidad, sino más propiamente destreza aritmética, ciencia de* «números», dirá Pico, quien se comprometió en su desafío de la Disputa a «responder públicamente, utilizando los números, a setenta y cuatro cuestiones... de ciencia física y ciencia divina». En el final aludido del Heptaplus hace una aplicación paradigmática de la ciencia cabalística al mismo comienzo bíblico In principio. Naturalmente está referido al texto hebreo. Sobre las letras en esa primera palabra contenidas, «BERESHIT», diserta aritméticamente: si juntamos la tercera letra con la primera...; si a la primera repetida añadimos la segunda...; si leemos todas suprimiendo la primera...; si juntamos la cuarta a la primera y a la última, si la segunda a la primera...; si después de la primera ponemos la quinta y la cuarta...; si las dos primeras juntamos a las últimas...; si la última a la primera...; lo que hace la dicción (proposición) doce. Recogiendo los significados o sentidos ocultos deducidos así por ese método numérico, resultará que Ab significa el Padre; Bebar en el Hijo y por el Hijo; Resit, principio; Sabath, descanso y fin; Bará, creó; Ros, cabeza; Es, fuego; Seth, fundamento; Rab, del grande; Isch, hombre; Berith, con alianza; Tob, bueno. Pico descubre, des-vela en la primera palabra del Génesis el misterio de la Trinidad (misterio cristiano, frente al rígido monoteísmo judío expresado en la Biblia con palabras vulgares). Más allá de la consonancia teológica, descubre Pico otras doctrinas ocultas, más oscuras, lo reconoce, o más escondidas, pero él cree ver allí toda una teoría del hombre y del mundo, sobre los significados, cabeza, fuego, fundamento del hombre grande. Si Moisés mira al mundo como un hombre grande y al hombre como un mundo pequeño, vale relacionar los tres mundos, inteligible, celeste y corruptible con las tres partes del cuerpo humano, cabeza, tórax (del cuello al ombligo) y del ombligo a los pies. Quedan con ello también designadas las tres condiciones reunidas en el hombre correspondientes a los tres mundos, intelectual, celeste (en el pecho el principio del calor, el corazón como un Sol en el cielo) y corruptible (miembros genitales, principio de generación y corrupción).

Sin ser el tratado del **Heptaplus** *una aplicación total y directa de la ciencia cabalística, sí diremos que esta ciencia le ha abierto inteligencias y simbolismos que reparte Pico con gran riqueza imaginativa por toda la exposición. Sin duda, al arte aritmético se juntaba en la ciencia de la cábala una sustanciosa dosis de imaginación y fantasía para ver sentidos e intenciones lejanas en los autores sagrados, en Moisés en concreto, con lo que un relato histórico, aquí de la creación del mundo, sugería múltiples parecidos y semejanzas, que al tiempo que iluminaban el relato principal, lo adornaban con doctrinas periféricas, como sol que extiende su luz radiante a insospechadas regiones. La ciencia es para Pico un foco de luz difundida por doquier, de modo que fácilmente, el que sepa mirar, verá convergentes y complementarios los rayos que alumbran diversísimos campos, más aún, percibirá una cierta solidaridad de todos los temas doctrinales reunidos finalmente en la luz central de Dios o del Verbo iluminante. Unidad en la ciencia, el final de ella sería un sistema de absoluta simplicidad, reducible a números, a multitud solidaria anudada por el Uno central.*

Concordia

Conde de la Concordia, por su título nobiliario, Príncipe de la Concordia (Dux Concordiae), reduplicativamente apellidado por su contemporáneo, admirador y amigo, a ratos crítico, Marsilio Ficino, Pico está en la lista de los hombres que han

*sentido la necesidad y han entrevisto y soñado con
la posibilidad de una paz universal, reconciliación
o concordia, un Leibniz ante* tempus. *Su ideal de
paz no habría con todo de confundirse con un concordismo a toda costa, o con un sincretismo, ni
con un simple eclecticismo. Pico no es un espíritu
flojo abarcador de demasiadas cosas, empeñado en
atarlas. A pesar de su talento y preparación enciclopédica, a pesar de su instintivo optimismo para
recoger del suelo o de la plaza pública cualquier
átomo nuevo de ciencia, de realidad, de posibilidad, su alma presenta una contextura bien definida, amplia y acogedora, pero unificante. Una vez
más la unidad habrá de ser la clave de toda su polifacética variedad y multitud.*

*El tema de la paz y, por contraste, de la discor-
dia, le resulta familiar. Con Heráclito admite que la
guerra es el padre de todas las cosas, pero la
guerra no es la última palabra, sino el campo de
realización dinámica de una unidad pacificante.
Más cercano o más delicadamente afín a Empédocles, dirá que la concordia y la discordia, la amis-
tal y el odio, forman la trama de nuestra existencia
de puertas adentro, y obviamente que todo proyecto de vida se ha de proponer el triunfo y reino de la
paz vencedora de los factores de discordia que ope-
ran en nosotros. Esta paz interior es el primer
campo de aplicación de la virtud moral para Pico.
Pero evidentemente fue él sensible a las quiebras
de la paz y a la redundancia de la discordia victo-
riosa en tantos campos de la vida pública del hombre. Un terreno obvio y lacerante del tiempo eran
las guerras intestinas, todas guerras civiles las de
unos estados contra otros dentro de la gran patria
común de la Cristiandad medieval, guerras lamen-
tadas por los humanistas, desde Petrarca, hasta
Erasmo, Vives y Tomás Moro. Por no hablar de la
endémica contienda con el enemigo común, el tur-*

co. Más allá de estas guerras, interior espiritual o moral, y exterior de armas, Pico se ocupa de dos campos de contienda, preocupación del tiempo, los enfrentamientos o discordias entre las diversas religiones, y las contiendas doctrinales en filosofía y teología entre los doctos. A estos dos campos de discordia y anhelos de paz correspondientes vamos en particular a referirnos.

Empecemos por la filosofía y teología. En línea agustiniana, anselmiana y luliana, no hay barrera de división; componen la ciencia por antonomasia, y la filosofía arrastra consigo el mundo de la física, de la filosofía natural, matemática, ciencia mágica, y todo lo que luego será contradistinguido de la filosofía como ciencias particulares. Quien se interna en las 900 Tesis o Conclusiones de Pico, tendrá al pronto la impresión de navegar en un mar profundo y sin orillas, en el que es difícil no anegarse. Parece como si el todo y cualquier cosa estuviera en todo y en cualquier parte. Pero pronto se advertirán las divisiones temáticas de cierta unidad e independencia. Una escasa mitad, como se indicó en la presentación general de la obra de Pico, se ciñe a una catalogación analítica de opiniones de otros, «según la doctrina de», donde se alinean los autores escolásticos, los árabes, los griegos postaristotélicos, etc. Pico no hace allí más que reseñar las proposiciones atribuibles, según él, a cada uno de ellos. Más que sostener una doctrina personal sería responder de dicha atribución. La segunda parte, las 500 tesis últimas, más abultada ésta que la primera colección, es la que podremos llamar «concordista» y expresamente personal, «secundum opinionem propriam», unas cosas aseveradas como ciertas, otras como probables, y sometido todo este segundo bloque al juicio definitivo de la autoridad eclesiástica (del Papa Inocencio VIII), dicho para curarse en salud si bien no le valió. La división es «denaria» (ribete pitagórico, cabalístico), ya en la concepción de todo este fondo doctrinal; diez secciones: física, teológica, platónica, matemática de paradojas dogmáticas, de corte antitético o problemático, de paradojas conciliantes, caldea, órfica, mágica, cabalística.

El primer apartado toca el tema que puede ser radical y programático en Pico, la reconciliación de Platón y Aristóteles, aunque se despacha aquí con la sobriedad y densidad de una simple proposición, anuncio de un propósito de fondo, que será realizado en otros contextos más amplios, como el tratado posterior De Ente et Uno. (Nullum est quaesitum naturale aut divinum, in quo Aristoteles et Plato sensu et re non conveniant, quamvis verbis dissentire videantur.) Pico ocuparía el medio de paz entre los dos bandos entonces enfrentados, platónicos y aristotélicos. En otros lugares de las Conclusiones vuelven a aparecer «reconciliados» los dos grandes filósofos griegos. Y con Platón y Aristóteles van Plotino y los neoplatónicos, y Averroes concordado con Avicena, Tomás con Escoto y Francisco de Mayronis. El hecho no requiere más aclaración ni confirmación por sobradamente obvio, sí el método o criterio de encuentro reconciliador. Muy en escolástico echa Pico frecuentemente por la vía media, resolutiva, abelardiana de la distinción. Un ejemplo: números 9, 10, 11 y 12 de este primer capítulo de las 500 Conclusiones propias: 9. En la cuestión de qué se conoce primero, lo más o lo menos universal, concuerdan Tomás y Escoto, los cuales parecen máximamente distanciarse en la cuestión de la que pongo a seguido tres conclusiones extraídas de la mente de cada uno. 10. De la cosa, nominalmente concebida, el primer concepto obtenido es un concepto universalísimo. 11. De la cosa, definicionalmente concebida (díffinitive concepta), el primer concepto que se tiene es el concepto de la cosa, propio y convertible. 12. En la cognición distintísima al final se nos hacen a nosotros conocidos los predicados máximamente universales. Distinguir y precisar conceptos y contenidos semánticos de las palabras, es el instrumento de clarificación y acercamiento de significaciones al pronto insolidarias.

Se comprenderá que no es nuestro propósito y cae bien lejos de nuestro interés seguir los pasos de Pico en esta arriesgada empresa de conciliar y concordar todo lo conciliable o inconciliable. Nos interesa su manera humana y filosófica de afrontar los problemas, el último sentido y profundas raíces de su afán conciliador. Repetimos que no creemos en un «concordismo» fofo ni superficial, a pesar de lo poco serio que puedan resultar a veces sus esfuerzos conciliadores. Como en Isidoro no habría que medir y juzgar el acierto de sus soluciones «etimológicas», sino detectar una secreta convicción de la íntima relación entre el lenguaje humano y la realidad, valor de la palabra viva como el mejor acceso a la esencia de la cosa, en Pico diremos que hay algo más que el arte de tender un arco difícil o imposible entre opiniones opuestas. Es otra vez, creemos, la fe en la «coincidentia oppositorum» del Cusano. En vez de situarse estrechamente en las diferencias, las empuja al vértice de unidad que las cobija y las «unifica», es decir, las refiere, las «integra» en la única verdad; Verdad con mayúscula que es la clave de todos los concordismos de Pico. Ya era significativo, a más de reconfortante, aquella pasada de luz sobre los diversos autores y escuelas filosóficas colgando a cada una sus mejores glorias; «en Juan Escoto, cierta lozanía y sutileza; en Tomás, solidez y equilibrio; en Egidio, diafanidad y justicia... Entre los árabes en Averroes... hay certeza irrebatible, en Avempace, en Alfarabi, seriedad y ponderación. En Avicena se echa de ver lo

*divino y lo platónico. En los griegos, en general,
siempre la filosofía es limpia y casta (acendrada);
en Simplicio, rica y abundante, en Temistio..., en
Alejandro..., en Teofrasto..., en Jámblico..., en Plotino..., Proclo...» No es una simple andanada de elo-
gios y flores. Las ideas, doctrinas y opciones cobija-
das bajo aquellos nombres preclaros, no pueden
compararse entre sí como la luz y las tinieblas,
sino como rayos de un mismo foco de luz; diversos,
eso sí, pero reducibles a su foco central. Aquí es
Agustín y el cristiano persuadido de la acción del
maestro interior, el Verbo, que no puede ser fuente
más que de la verdad. Las proposiciones o conclusiones negativas, que también las hay entre las 900,
y más concretamente en las 500 últimas, son por la
mayor parte reducibles a afirmativas, removiendo
obstáculos para aquella concordia de fondo, o con-
tradiciendo posiciones que envuelven incompren-
sión, confusión de conceptos y muy frecuentemente
atribuciones doctrinales, falsas según él.*

*El conjunto y resultado es, en todo caso, un
sistema de verdad distribuida en multitud variada
y variadísima de posiciones aparentemente distintas y a ratos opuestas, en el fondo armonizables en
una unidad. No sería excesivo atribuir a Pico un
cierto perspectivismo, relatividad o parcialidad de
las diversas opiniones «integrables» en una verdad
absoluta, que no sería, como en ciertos relativis-
mos modernos, una ilusión o construcción de la
mente, sino la Verdad creída en el término absoluto, Dios. Pico no querría perder ninguna partícula
de verdad contenida en las varias doctrinas filóso-
ficas de la historia del hombre; por ello su resistencia a encapsularse en ninguna que le borrara la
visión del conjunto, le impidiera vivir gnoseológi-
camente de la Unidad; en ella la concordia.*

*En esta fe en la verdad única compatible y
concordable con la pluralidad más rica Pico no ha*

pretendido ser un filósofo que razona y demuestra; ha polemizado dialécticamente, con ardor, pero creemos que más que para defender una verdad «contra otras», para rebatir las posiciones humanas que se interpusieron en el camino de esa unidad, para defender la posición propia y, quizá lo veremos aún mejor después, para eliminar del campo doctrinal todo aquello que para él es un error, pegado a la verdad, tinieblas contra la luz. El caso es que en las 500 tesis propias expresamente Pico dice hablar «assertive vel probabiliter». Creemos que sería improcedente atribuir a Pico una pretensión de levantar un edificio de proposiciones científicas como un sistema «cerrado» de verdades ciertas; es decir, demostradas rigurosamente. Una vez más hemos de mirarle con los ojos del tiempo, y el tiempo sería aquí más medieval que moderno, a saber, el hombre medieval, y máxime los contemplativos, y Pico lo es, no se han esforzado tanto en demostrar a Dios (centro absorbente de todo su saber), cuanto de encontrar una vía, método o arte de encontrar a Dios en el que sin disputa ya se cree por la fe y vida religiosa. En este supuesto, el valor de la ciencia no se medirá precisamente por el vigor cuasi matemático de los razonamientos, como en los escolásticos, adscritos más a esta tarea de «demostrar», aportando a la ciencia de la divina página todo el aparato aristotélico; sino más bien por el «acierto» en hurgar en la realidad para en ella y a través de ella, sin la mediación de razonamientos lógicos «ver» a Dios. Pico trata de «ver», de descubrir, de encontrar, no importa por qué vías, artilugios o claves de desvelación. Sabe que la verdad está ahí; el caso es encontrarse con ella; puede estar en proposiciones normales, de traza lógica inmediata significativa, puede estar recluida en los escondrijos de la naturaleza, para eso el arte de la magia, ciencia nueva;

puede velarse celosamente en cifras y como acertijos, que requerirán un arte de descifre y revelación, manipulando numéricamente los elementos, palabras o letras, como en la cábala. Muchas diversas artes de encontrar, con el entendimiento discursivo, con la imaginación adivinadora descifradora de enigmas, de mil modos se le puede seguir las huellas a la verdad y sorprenderla y gozarla. Probable es bastante si esa probabilidad permite saborear, sin contradicción, una verdad que es dado «ver» ahí, por muy tapada que esté, por muy celada a ojos indiscretos, negada a paladares toscos, que no gustan las cosas de la Verdad, de la Belleza y del Bien. Ahí el secreto de la concordia y armonía de Pico, avaro de esa Belleza y Bien, abiertos a la mente, en su substancia, y no en los aliños del lenguaje de los humanistas.

La probabilidad es suficiente, aunque no se alcance allí la certeza exclusiva de «otra» visión de la cosa. Más aún, y tocamos fondo, probabilidad no sería en Pico mera razonabilidad modesta, o demostrabilidad no rigurosa, lo que mienta de nuevo el método científico apodíctico de un saber estricto o cerrado. Probabilidad equivaldría a funcionalidad o capacidad expresiva o revelativa de los signos, palabras o proposiciones. Tanto dice aquel módulo semántico cuanto se sea capaz de ver en él. Bastará que sea posible verlo para conocerlo allí y ofrecerlo a los que asienten o disienten como una verdad patente; valdrá como método o estrategia de lucha contra los errores, contra la ceguera de los que «no lo ven» o no lo quieren ver. Se dirá que esto no es «ver», sino «poner» o suponer sin más fundamento que el poder y querer verlo con una elemental coherencia incontradictoria; efectivamente esto es lo verdadero, pero en Pico esta capacidad de «poner» y suponer estará en la misma línea de la teoría del Cusano cuando hacía al hombre lector del libro del mundo escrito por Dios con caracteres cerrados al ignorante de la lengua, y abiertos al que sabe «leer», es decir, reproducir activamente, creadoramente, el sentido originario trasmitido cifradamente a aquellos caracteres por el autor del libro, aquí Dios autor del libro del mundo. Lo que seas capaz de «ver», todo eso fue allí depositado por el autor primero; evidentemente, la aplicación modélica de tal método y estrategia hermenéutica corresponde por excelencia a los libros sagrados, primero los cristianos, luego a todos los que previsiblemente contienen doctrinas secretas ocultas u ocultadas.

En Pico es imposible ahondar en una dimensión sin encontrar en el camino o en el término a las otras que se entrecruzan y funden en la raíz común; la concordia lleva a la unidad, a la unidad de la ciencia, a la libertad no atada por ninguna particularidad excluyente.

Paz en la fe

Es la última aspiración de la concordia, no la última en el orden, sino en la dignidad y comprensión. Pico es esencialmente hombre medieval tanto como lo es moderno. La ciencia, la unidad, la concordia no tienen sentido sino referidos al ideal religioso, cristiano, que es a todas luces dominante en Pico, frente a todas las pretensiones de algunos de hacerle menos medieval o antimedieval, en vez de trasn-medieval, o más que medieval. Aquí la concordia tiene una significación y empleo no poco distinto de la concordia en lo especulativo o doctrinal. Aquí es la vida, y la vida única que tajantemente admite Pico para todo hombre es la vivificada por la verdad cristiana. Aquí no hay concordismo ni atenuado, sino unicidad, pero todavía concordia.

La concordia, en términos abstractos podría conseguirse por varias vías. La del eclecticismo o sincretismo que suma y amontona sin atar con lazo de unidad, sino sólo de multitud reunida a base de ciertos criterios de selección o parcelación. La de la reducción de todas las diferencias a un vértice de unidad que absorbe a todas, como el centro del círculo respecto de los radios. La de la podadera que desmocha diferencias anulándolas, venciéndolas, o bien trayéndolas a reasumirse en las ramas válidas sostenidas y vivificadas por el tronco. En lo doctrinal Pico siguió mayormente la segunda vía, la de empujar todas las diferencias al punto de convergencia de la unidad, la única Verdad adornada de polícroma variedad. En lo religioso o teológico, y diríamos eclesiástico o político-eclesiástico, Pico sigue la tercera manera. No es el Pico de la concordia, que salva las diferencias, sino el de la paz asentada en la victoria.

Si lamentable era la situación de guerra y guerras intestinas que dilaceraban la cristiandad a la salida el Medievo, y cabe todavía poner en el platillo de la balanza el escandaloso cisma de Occidente añadido a las divisiones seculares de orientales y romanos, y sin incluir las inminentes escisiones religiosas que iban a partir y a ensangrentar a Europa con el cisma protestante, era ya preocupación de los hombres reflexivos, como el Cusano, la situación de ruptura religiosa del mundo conocido, particularmente entre cristianos, musulmanes y judíos. A esta situación de conflicto se empeñaron los pensadores europeos cristianos (quizá apunta en los árabes) en buscar una salida.

De Cusa a Lefévre d'Étaples y luego P. Bayle, va una línea continua que termina en la exigencia de tolerancia frente a la intransigencia medieval culminante en los usos de la Inquisición romana y española y en las bárbaras decapitaciones de la

Torre de Londres. Lamentos y gritos de los persegui-
dos inhumanamente, que en Nicolás de Cusa en el
De pace fidei *llegan al cielo y constituyen la base*
de la ficción del concilio en la cumbre celeste, don-
de dialogan y discuten un griego, un italiano, un
árabe, un hindú, un caldeo, un judío, un escita, un
persa, un sirio, un español, un alemán, un tártaro,
un armenio, un bohemio y un inglés, a los que se
añaden Pedro, Pablo y el mismo Cristo, el Verbo,
que al fin decide. En la obra de controversia reli-
giosa Heptaplomeres *de Jean Bodin († 1596) serán*
los portavoces un católico, un calvinista, un luterano,
un cristiano renegado pasado al moro, un judío,
un español sin religión propia, y un partidario de
todo culto, aun el idolátrico. En Cusa, también
concordista, pero apologeta cristiano, triunfa la fe
cristiana, a la que se hacen aproximar las otras re-
ligiones, y la fórmula final, demasiado expedita y
ambigua, es que hay una religión (sustancialmente
la cristiana, presente en algún modo en todas), y
diversidad de ritos; haya libertad para éstos, admi-
tida aquella coincidencia o equivalencia de todas
las religiones en la única verdadera (la cristiana).
En Jean Bodin, remedo del De pace fidei, *la tesis*
es muy distinta; flota en el diálogo «a siete» una
cierta indiferencia de reservas frente a toda reli-
gión positiva dogmática y un tono de favor para la
religión natural, de la pura razón, como luego dirá
Kant, que arrastra consigo, como fruto concreto,
en lo político, una amplia tolerancia para todas las
formas religiosas.

Entre las dos tesis la postura de Pico es muy
matizada; más, desde luego, del lado del medieval
Nicolás de Cusa. Para Pico hay, y sólo hay, una
religión verdadera, la cristiana; las demás no son
ritos diversos de la misma religión central, sino
coincidencia o desviaciones erróneas de la cristia-
na. Más que referir todas a un punto común supe-

rior, fuera de todas, como en las doctrinas filosóficas, Pico se esfuerza, parece de ello convencido, por mostrar que los libros sagrados de los judíos (y tengamos en cuenta que lo musulmán es una derivación de lo bíblico judío) testifican los misterios cristianos, concretamente el de la Trinidad y Encarnación. Allí están contenidos, aunque ellos «no sepan leerlo», no sean capaces «occlusae sapientiae». Pico, concordista, es un debelador terrible de ágil dialéctica que pelea contra todos los que se le interponen en su camino. Bien lo muestra en los finales de la Oratio cuando, con impecable dialéctica, que es en él como en la Antigüedad una junta de lógica y retórica, acorrala a los que le niegan el derecho, los provechos y la oportunidad de su gran Disputa. Un concordismo batallador, hacia una paz conseguida con la victoria de los enemigos, aquí los malos o menguados lectores (intérpretes) de los libros sagrados, bíblicos, caldeos (neoplatónicos, herméticos), persas, etc.

Un ejemplo significativo de esta paz a fuerza de lucha y destrucción de «otras» posibilidades, lo da el mencionado tratado de Pico contra los astrólogos; es la más extensa y más desarrollada de sus obras, doce libros, 216 páginas, frente a las 12 que tiene la Oratio en la edición de 1601. Libro de controversia y de actualidad, justamente enfrentada a las inclinaciones astrológicas vivas en torno a él, nada menos que de un Marsilio Ficino y de personajes graves del tiempo, como de todos los tiempos, aun del nuestro. El tema era grave, afectaba al motivo central de la obra de Pico, el determinante de su Oratio, la libertad humana, la personal responsabilidad del hombre en su conducta y existencia. No hacen al hombre ni guían su existencia las estrellas, sino su educación, su propia experiencia, su libérrima voluntad. Un Aristóteles, el grande, viene propuesto como ejemplo en el último capítulo al final del libro III; no fue producto de los astros, sino de su personal empeño por escudriñar la naturaleza y dedicarse a la filosofía. Más tarde Pietro Pomponazzi volverá sobre el tema de las creencias populares, arremetiendo contra las intervenciones preternaturales, profecías, milagros y encantamientos que muchas veces son excusa del mal o pobre uso de la libertad personal. Igual que en el rechazo de la magia «mala», oscura y diabólica alumbrada en Pico la idea de una ciencia de la naturaleza hasta penetrar sus secretos, objeto de la magia «buena» y luminosa, también ahora frente a la astrología de creencias y adivinaciones vueltas a los astros, ensalza la nueva ciencia, niña, la astronomía parte importante y estímulo para la renovación de toda la ciencia física del hombre medieval. «Cuando hablo de astrología, no entiendo aquella que mide con razón matemática la mole de los astros y sus movimientos, arte cierta y noble y por sus méritos honestísima y muy autorizada (comprobatam) con la autoridad de hombres doctísimos, sino aquella que presagia los acontecimientos por venir sacándolo de los astros, engaño maldecido por las leyes de la mentira mercenaria, reprimida por las leyes civiles y pontificias, irrisión de los filósofos, cultivada por los corredores de negocios, sospechosa para todo varón avisado.» (Proemio.) Astrología y astronomía se dividen por la razón matemática presente en ésta, ausente en aquélla. Pico deshace en los 12 libros, uno por uno, los argumentos de los astrólogos, las falsas, inútiles e irrisorias aplicaciones de su ciencia.

El objetivo central es liberar al hombre de la sujeción a un influjo externo gratuito, y dejar expedito el camino para la autonomía del Dios creador, dueño único de la naturaleza. El saldo positivo es una contribución al nacimiento de la ciencia moderna apoyada en razón matemática, es decir, observación y método exacto sobre un orden legal existente en el mundo físico. Pico no ha realizado una teoría de la ciencia, como Vinci y Galileo, pero con ocasión de los usos y abusos de la magia y la astrología, ha puesto su grano de arena en el nuevo edificio. Muy de notar que esta requisitoria contra los astrólogos no es más que una parte de las siete (nuevamente Pitágoras) dedicadas a derribar los enemigos de la Iglesia («ad debellandos septem hostes Ecclesiae»).

En su «Vita» del tío, Juan Francisco nos reseña los planes de trabajo que acariciaba llevar a cabo. A los comentarios críticos, con exigencias de fidelidad textual, del Viejo y Nuevo Testamento (realizado en parte lo primero en el Heptaplus), había de seguir una refutación de aquellos siete enemigos, cuya fisionomía nos describe así el sobrino: «(1) Porque quien ni a Cristo ni a su Iglesia obedece ni a lo que la sigue, es su enemigo; (2) o en su impiedad no acepta ninguna doctrina suya; (3) o sirve a los falsos ídolos y adora a los demonios en la forma de aquellas estatuas; (4) o con sus ritos practica la ley de los perdidísimos judíos; (5) o sigue al nefando Mahoma sujetándose a sus detestados dichos; (6) o viviendo sólo con el oído y no con las obras y sincero corazón la vida cristiana tergiversa los textos evangélicos, y no aviniéndose con la Iglesia recalcitra con ánimo obstinado; (7) o recibe lo evangélico no con casta fe, sino adulterado y profanado con supersticiones, o, aun recibiéndolo con firme, pura y constante fe, lo contradice con las obras.» Subtiende esta enumeración una consideración sobre la importancia y urgencia de combatir los errores de los supersticiosos astrólogos, donde Pico ve un adversario de la verdadera fe en el Dios Creador y en el hombre libre; «contra los astrólogos metidos a profetas había dirigido expresamente la punta de su lanza (cuneum) y con *todas sus fuerzas había aprestado su ariete de guerra».*

Beligerante, y no hombre de paz conciliadora, se muestra Pico contra lo que se opone a su fe religiosa, a la cual o se someten vencidos todos los contrarios convencidos de error, o reconocen que sus dogmas coinciden con los cristianos. No sólo medieval en esto Pico, sino nos atreveríamos a decir que sobrepuja en él el teólogo al filósofo, y dentro de lo cristiano y teológico, subrayaremos incluso lo católico y romano; la Iglesia es para él evidentemente Roma y el Papa, aun el que le clava con su anatema, Inocencio VIII, y del que luego recibe la absolución, Alejandro VI.

Otra peculiaridad del estilo y manera de Pico, revelada en este paso de su obra literaria. Se propone siete refutaciones, reunidas en un contexto global unitario, la debelación de los enemigos de la fe; desarrolla sólo uno, el de las supersticiones de los astrólogos, el más preocupante por su actualidad y pertinacia. Parecidamente, en su pretensión de concordar filósofos encontrados u opuestos en la historia, Platón y Aristóteles, Tomás y Escoto, Averroes y Avicena, tan sólo realiza el propósito respecto de los dos primeros, Platón y Aristóteles, a lo que va dirigido el tratado De Ente et Uno. *¿Inconstancia? ¿Falta de tiempo por su temprana muerte? Creemos que no es el tiempo ni la ligereza, ni siquiera la facilidad, nunca la superficialidad de su genio. Creeríamos más simplemente que el inicio de un gran tema, el de los astrólogos, el del Uno en Platón y Aristóteles, le ha sumergido en profundidades, llevado por el tema mismo hasta componer un gran tratado independiente y suficiente cuando se propusiera un capítulo. Signo indudablemente del genio, dócil a una inspiración que ocupa y se impone a la mente. La obra entera de Pico (la misma exposición del* Heptaplus *es un co-*

mienzo sin continuación) pensaríamos que refleja una característica del tiempo, del Renacimiento, del que se ha dicho que es una serie de comienzos sin un mañana, múltiples iniciativas que han quedado en eso, en rotura de caminos no solo no continuados, sino pronto, a vuelta de un siglo, cerrados, como un tiempo de fermentación, cuyo signo ha sido remover, intentar, proyectar en múltiples direcciones, puesta en estado de ebullición, acopio de materiales, pero el edificio, salvo el de la ciencia física, ha empezado después, justamente sobre el suelo preparado por el Renacimiento. Serán Descartes o los ingleses los que en filosofía construirán con solidez y continuidad, pero sobre un suelo y con unos materiales preparados y labrados por los hombres del Renacimiento.

Sobre un mundo medieval religioso hasta la saturación, brilla una aurora con más perspectivas para la humano y lo mundano, la hora de la secularidad, no impía, sí humanista. Pico es una fórmula original del humanismo naciente, sensible a las bellezas y grandezas de este mundo, pero con arraigo en la mentalidad religiosa y teológica del Medievo. La dignidad, admirable y grande, del hombre, ha encontrado carne y realidad en la obra y en la vida de Juan Pico de la Mirándola.

NUESTRA TRADUCCIÓN

Ha sido realizada sobre el original de la edición antigua de Basilea, 1601. Hemos compulsado edición, versión italiana y notas de Eugenio Garín, en la Edizione Nazionale dei Classici del Pensiero Italiano, *tomo I, Firenze, 1942.*

En Apéndice van dos textos traducidos que juzgamos más intrínsecamente relacionados con la Oración, *a saber, la* Epistola ad Hermolaum Barbarum, *de 5 de junio de 1485, y el opúsculo* De Ente et Uno ad Angelum Politianum. *Para la primera hemos tomado el texto de la misma edición de Basilea, 1601, compulsada con la de Venecia de 1519, y para el segundo nos servimos de la edición de A. J. Festugière en el «Archives d'Histoire Doctrinale et Littéraire du Moyen Age», 7 (1932), páginas 209-224.*

Ambos textos iluminan y completan las ideas centrales de Pico en su concepto y aprecio del «buen decir» de los rétores humanistas, y en su idea neoplatónica de la unidad tan importante para justipreciar la postura personal «enciclopédica» integradora de Pico y su interpretación armonista de todos los saberes humanos.

Anteponemos aquí un Apunte bibliográfico, con las principales ediciones generales de Pico y de los textos que nos interesan, y una selección de escritos recientes en torno a Pico y su Oración.

BIBLIOGRAFIA

OBRAS DE PICO

- *Commentationes Joannis Pici Mirandolae. Vita per Joannem Franciscum... Heptaplus... de opere sex dierum geneseos. Apologia... Tractatus de Ente et Uno... Oratio... Epistulae plures... Testimonia eius vitae et doctrinae.* Bolonia, 1496.
- *Omnia Opera.* Venecia, 1498.
- *Opera... revisa.* Estrasburgo, 1504.
- *Omnia Opera.* París, 1505, 1517.
- *Omnia Opera.* Venecia, 1519.
- *Omnia quae extant Opera.* Venecia, 1557.
- *Omnia Opera.* Basilea, 1557, 1572, 1601.
- *Opera Omnia.* I-II, 1557, 1573. Reproducción anastática de la edición de Basilea, 1557. Introduc. de Cesare Vasoli. G. Olms, Hildesheim, 1969.
- *Opera Omnia.* Premessa de E. Garin. Edición facsímil, Turín, 1971.
- *Edizione Nazionale dei Classici del Pensiero Italiano.* Obras de Pico en tres volúmenes, Vallecchi, Florencia, 1942, 1952. Ed. E. Garin. En el I la Oración *De hominis dignitate, Heptaplus* y *De Ente et Uno.*
- *Conclusiones sive Theses DCCCC Romae publice disputatae, sed non admissae.* Texte établi

selon le ms. d'Erlangen, l'ed. princeps et le ms. de Vienne et Munich. Intr. y 'Notas de B. Kieskowski, Ginebra, 1973.

– *Antologia.* Passi scelti di: *Heptaplus, Oratio de hominis dignitate* e *De Ente et Uno.* Introd. y Notas de G. Barone, Milán, 1973.

TRADUCCIONES

Españolas

– *De la dignidad del hombre.* Trad. Introd. y Notas de E. Goguel de Labrousse. «Notas y Estudios de Filosofía», Tucumán, Arg. 4 (1953), 353-370 (sólo traduce la primera parte de la *Oratio).*

– *Oración acerca de la dignidad del hombre.* Trad. de J. M. Bulnes Aldunate, Río Piedras, Ediciones Universitarias, Puerto Rico, 1963.

– *Discurso sobre la dignidad del hombre.* Trad., estudio previo y notas de A. Ruiz Díaz, Univ. de Cuyo, Mendoza, Arg., 1972.

– *Oración acerca de la dignidad del hombre.* Trad. de G. Ferracane. Florentia Publishers, Boston, 1978.

Italianas

– *Orazione Sulla dignità dell'uomo.* Trad. de G. Semprini, en Apéndice a su libro: *La Filosofia di Pico della Mirandola,* Milán, 1936.

– *La dignità dell'uomo.* Introd. y notas de R. Zagaria, Matera, 1963.

– *La dignità dell'uomo.* A cura di F. Sante Pignadoli, Bolonia, 1969 (edición escolar).

Francesas

Edición bilingüe (latín-francés), en Apéndice al libro de P.-M. Cordier (ver infra, bibliografía).

Alemanas

– *De dignitate hominis.* Ed. bilingüe (latín-alemán), introd. de E. Garin, trad. de H. H. Reich y Fr.-R. Hausmann, Berlín/Zurich, 1968.

Inglesas

– «Oration on the Dignity of Man», trad. de E. Livermore Forbes, en *The Renaisanece Philosophy of Man*, Chicago, 1948.

Holandesas

– *Over de menselijke waardigheid.* Trad. de J. Hemelrijk, Arnheim, 1968.

ESTUDIOS

Anagnine, E.: *Giovanni Pico della Mirandola. Sincretismo religioso-filosófico, 1463-1494,* Bari, 1937.

Anagnine, E.: «Pic de la Mirandole (1463-1494). L'home et l'oeuvre», en *Rev. d'Hist. de la Phil. et d'Hist. Générale de la Civilisation,* Lille, 2 (1934), 109-128, 193-217.

Arias Muñoz, J. A.: «La "dignitas hominis" entendida como razón y libertad» (Apuntes para una interpretación del Renacimiento), en *Rev. de Filosofía,* Madrid, 3 (1980), 7-38.

Auer, A.: «Manetti und Pico della Mirandola», en *Vitae et Veritati*, Düsseldorf, 1966, 83-102.

Barone G.: *L'umanesimo filosofico di Giovanni Pico della Mirandola*, Milán/Roma, 1949.

Biezais, H.: «Pico della Miradolas anthropologische Anschauungen», en *Spiritus et Veritas*, Euntin, 1953, 13-41.

Breen, Q.: «Giovanni Pico della Mirandola on the Conflict of Philosophy and Rhetoric» (The Correspondence of Pico della Mirandola and Ermolao Barbaro, Concerning the Relation of Philosophy and Rhetoric), en *Journal of the Hist. of Ideas*, 13 (1952), 384-412.

Breen, Q.: *Melanchton's Reply to Giovanni Pico della Mirandola*, ibíd., 413-426.

Cassirer, E.; Kristeller, O., y Randall, J. H.: «Petrarca, Valla, Ficino, Pico, Pomponazzi, Vives», en *Renaissance Philosophy of Man*, Chicago, 1948.

Colomer, E.: *De la Edad Media al Renacimiento. Ramón Llull, Nicolás de Cusa, Juan Pico della Mirandola*, Barcelona, Herder, 1975.

Colomer, E.: «Pico della Mirandola ayer y hoy», en *Razón y Fe*, 169 (1964), 9-24.

Cordier, P. M.: *Jean Pic de la Mirandole ou la plus pure figure de l'humanisme chrétien*, en Apéndice el texto bilingüe del *De Hominis Dignitate*, Paris, Debresse, 1958.

Crouzel, H.: «Pic de la Mirandole et Origène», en *Bull. de Litt. Eccles.*, 66 (1965), 81-106.

Dulles, A.: *Princeps concordiae. Pico della Mirandola and the Scholastic Tradition*, Cambridge, U.S.A., 1941.

Festugière, A. J.: «Studia Mirandulana», en *Archives d'Histoire Doctr. et Litter. du Moyen Age*, 7(1932), 143-207. Sigue edición bilingüe (latín-francés) del *De Ente et Uno* (208-250).

Gabrieli, V.: «Giovanni Pico and Thomas More», en *La Cultura* 6 (1968), 313-332.

Garin, E.: *Giovanni Pico della Mirandola. Vita e dottrina*, Florencia, 1937.

Garin, E.: «Note sul ermetismo del Rinascimento» en *Archivio di Fil*, 1955.

Garin, E.: *La cultura filosófica del Rinascimento italiano. Ricerche e documenti*, Florencia, 1961.

Garin, E.: *La revolución cultural del Renacimiento*, Barcelona, 1981.

Garin, E.: *Storia della filosofia italiana*, I, Turín, 1966.

Gauthier-Vignal, L.: *Pic de la Mirandole*, Paris, Grasset, 1938.

Greive, H.: «Die christliche Kabbala des Giovanni Pico della Mirandola», en *Arch. Kulturgeschichte*, Colonia/Viena, 57 (1975), 141-161.

Hughes, Ph. Ed.: «Pico della Mirandola, 1463-1494. A Study on an Intellectual Pilgrimage», en *Philosophia Reformata*, Kempen, Holanda, 23-24 (1958-59).

Kibre, P.: *The Library of Pico della Mirandola*, New York, Columbia Univ. Press, 1936.

Kieskowski, B.: «Les rapports entre Elie del Medigo et Pico della Mirandola», en *Rinascimento*, 4 (1964).

Lamagna, L.: *Giovanni Pico della Mirandola*, Modena, 1969.

Lubac, H. de: *Pic de la Mirandole. Etudes et discussions*, Paris, Aubier-Montaigne, 1974.

Massa, E.: «I fondamenti metafisici della "dignitas hominis"», Testi Inediti, *Salesianum* 15 (1954), 524-584.

Monnerjahn, E.: *Zun Begriff der theologischen Unklarheit im Humanismus (Pico della Mirandola)*, Festgabe J. Lotz, Baden-Baden, 1958, 277-304.

Montes, E.: «Pico della Mirandola en la estética del Renacimiento», en *Rev. de Ideas Estéticas,* Madrid, 9 (1945), 3-15.

Napoli, G. di: «La teología di Pico della Mirandola», en *Studia Patavina,* 1 (1954), 174-210.

Napoli, G. di: «Pico e Campanella», en *Rassegna di Scienze Filosofiche,* Nápoles, 7 (1954), 219-255.

Napoli, G. di: «L'essere e l'uomo in Pico della Mirandola», en *Riv. Fil. Neosc.,* Milán, 46 (1954), 356-389.

Napoli, G. di: «"Contemptus mundi" e "dignitas hominis" nel Rinascimento», en *Riv. Fil. Neosc.,* Milán, 48 (1956), 9-41.

Napoli, G. di: «Pico della Mirandola nel V Centenario della sua nascita», en *Doctor Communis,* 17 (1964), 44-62.

Napoli, G. di: *Giovanni Pico della Mirandola e la problematica dottrinale del suo tempo,* Roma, Desclée, 1965.

Nardi, B.: «La mistica averroista e Pico della Mirandola», en *Arch. di Fil,* 18 (1949), 55-75.

Nève de Mévergnies, P.: «Un nouveau portrait de Jean Pic de la Mirandole», en *Rev. de Phil.,* Paris, 38 (1938), 437-443.

L'opera e il pensiero di Giovanni Pico della Mirandola nella Storia del umanesimo, Convegno Internazionale, Mirandola, 15-18, sett., 1963, 2 vols., Florencia, 1965.

Pignadoli, F. S.: «Pico della Mirandola e Pascal. (Aspetti dell'umanesimo e dell'antiumanesimo cristiano», en *Studia Patavina,* 11 (1964), 201-235.

Pignadoli, F. S.: «Pico e noi (una rilettura del "De dignitate"», en *Ethica,* 8 (1969), 195-220.

Renucci, P.: *L'unité de la connaissance dans la pensée de Pic de la Mirandole,* «Congrès de Tours et Poitiers», sept. 1953. Paris, Les Belles Lettres, 1954.

Rigoni, M. A.: «Scrittura mosaica e conoscenza universale in Giovanni Pico della Mirandola», en *Lett. Ital.*, 32 (1980), 21-42.

Rocca, P.: «Giovanni Pico della Mirandola nei suoi rapporti di amicizia con Girolamo Savonarola», en *Quad. Storia e Sc. della Medicina*, Ferrara, 3 (1963).

Saita, G.: «Antonio Citadini medico e filosofo di Faenza e la sua polemica con Giovanni Pico della Mirandola», en *Giorn. Crit. Fil. It.*, 35 (1956), 532-540.

Secret, F.: «Un commentateur oublié des "Conclusiones" de Giovanni Pico della Mirandola au XVII siècle: Jean François Le Grand», en *Rinascimento*, 19 (1979), 311-321.

Semprini, G.: *La filosofia di Pico della Mirandola*. En apéndice la *Lettera a Ermolao Barbaro* e l'*Orazione sulla dignità dell'uomo*. Milán, 1936.

Siren, O.: «Mirandola, Remarkable Philosopher of the Renaisance», en *Sunrise*, U.S.A., 7 (1958), 179-184.

Studi Picchiani. Atti e Memorie per il V Centenario della nascita di Giovanni Pico della Mirandola. Modena-Mirandola, maio 1963. Modena, 1965.

Valsanzibio, S. da: «Le componenti dell'animo di Giovanni Pico della Mirandola» (1463-1494), en *Miscel. Franc.*, Roma, 65 (1965), 34-106.

DE LA DIGNIDAD DEL HOMBRE

PROLOGO PRESENTACION
DE JUAN FRANCISCO DE LA MIRANDOLA
A LA ORACION Y CARTAS DE SU
TIO JUAN PICO

Recibe, lector, también estas disertaciones, obra de menor empeño que seguramente, de vivir él, no las habría publicado, ni nosotros, de no haber sido movidos a ello por repetidas instancias de hombres señalados. Leerás primero una Oración elegantísima redactada con juvenil empuje, no menos admirada una y otra vez por hombres doctos en razón de su doctrina y de su encumbrada elocuencia. Ni te perturbe el que al pie de ella aparezcan muchas cosas ya contenidas en el *Proemio* a la *Apología*, cuando dio aquél a la publicidad, manteniendo ésta en reserva y sólo comunicada a los amigos. Verás muchas doctrinas abstrusas de los Antiguos presentadas, primero, con singular ingenio bajo el ropaje del enigma y de la fábula, y luego aquel empeño suyo en mostrar con fuerza y rasgos oratorios hasta qué grado la teología imaginativa de los Antiguos prestó un servicio a los misterios de nuestra propia Teología, y, desatados algunos nudos de una y de otra, su decisión de invitar a todos a entrar con él en lides académicas. Es verdad que en el tiempo aquel se entretuvo muy a menudo en estas cosas, como preludios y escaramuzas de juego para estudios más serios, las que abandonó después para ventilar aquellas cuestiones que ya hemos dado a la luz y que seguiremos publicando en lo porvenir. Leerás también algunas *Cartas* (todas resultaría laborioso en extremo), unas de estilo familiar, otras redactadas después de darse del todo a Dios, llenas de santísimos consejos; en aquéllas sentirás la fragancia de una doctrina y elocuencia desbordante, en éstas saborearás lo uno y lo otro en grado abundoso, y percibirás el amor a Cristo que las inspira [1].

---

[1] El sobrino, Juan Francisco Pico de la Mirándola, albacea literario, admirador de su tío Juan, humanista y seguidor en algunos aspectos de la línea de pensamiento del tío, *celoso editor de sus obras*, verdadero remanso de las memorias del tío, antepuso a la edición de las obras principales una *Vita*, rica en detalles, de carácter marcadamente *apologético, que tiende a poner de relieve los méritos intelectuales y morales* del tío. Casi podría hablarse de una vida edificante. Destaca la orientación teológica de sus últimos estudios tras el fracaso de la Disputa y no menos su espiritualidad devota como de convertido. Al igual que el tío, Juan Francisco tiene una especial relación de amistad con Jerónimo Savonarola.

ORACION SOBRE LA DIGNIDAD DEL HOMBRE DE JUAN PICO DE LA MIRANDOLA CONDE DE LA CONCORDIA

[1] Tengo leído, Padres honorabilísimos, en los escritos de los Arabes, que Abdaláh sarraceno, interrogado qué cosa se ofrecía a la' vista más digna de admiración en éste a modo de teatro del mundo, respondió que ninguna cosa más admirable de ver que el hombre. Va a la par con esta sentencia el dicho aquél de Mercurio [2]: «Gran milagro, oh Asclepio, es el hombre». Revolviendo yo estos dichos y buscando su razón, no llegaba a convencerme todo eso que se aduce por muchos sobre la excelencia de la naturaleza humana, a saber, que el hombre es el intermediario de todas las criaturas, emparentado con las superiores, rey de las inferiores, por la perspicacia de sus sentidos, por la penetración inquisitiva de su razón, por la luz de su inteligencia, intérprete de la naturaleza, cruce de la eternidad estable con el tiempo fluyente y (lo que dicen los Persas) cópula del mundo y como su himeneo, un poco inferior a los ángeles, en palabras de Da-

---

[2] *Asclepius* I. En la colección *Hermetica*, ed. Scott, Oxford, t. I, p. 294. Es una serie de escritos de fondo neopitagórico, donde se recoge la doctrina atribuida a Hermes (Mercurio latino), doctrina arcana llena de sabiduría celeste.

vid [3]. Muy grande todo esto ciertamente, pero no lo principal, es decir, que se arrogue el privilegio de excitar con justicia la máxima admiración. ¿Por qué no admirar más a los mismos ángeles y a los beatísimos coros celestiales? A la postre, me parece haber entendido por qué el hombre es el ser vivo más dichoso, el más digno, por ello, de admiración, y cuál es aquella condición suya que le ha caído en suerte en el conjunto del universo, capaz de despertar la envidia, no sólo de los brutos, sino de los astros, de las mismas inteligencias supramundanas. Increíble y admirable. Y ¿cómo no, si por esa condición, con todo derecho, es apellidado y reconocido el hombre como el gran milagro y animal admirable?

[2]   Cual sea esa condición, oíd Padres con oídos atentos, y poned toda vuestra humanidad en aceptar nuestra empresa. Ya el gran Arquitecto y Padre, Dios, había fabricado esta morada del mundo que vemos, templo augustísimo de la Divinidad, con arreglo a las leyes de su arcana sabiduría, embellecido la región superceleste con las inteligencias, animado los orbes etéreos con las almas inmortales, henchido las zonas excretorias y fétidas del mundo inferior con una caterva de animales y bichos de toda laña. Pero, concluido el trabajo, buscaba el Artífice alguien que apreciara el plan de tan grande obra, amara su hermosura, admirara su grandeza. Por ello, acabado ya todo (testigos Moisés y Timeo) [4], pensó al fin crear al hombre. Pero ya no quedaba en los modelos ejemplares una nueva raza que forjar, ni en las arcas más tesoros como herencia que legar al nuevo hijo, ni en los escaños del orbe entero un sitial donde asentarse el contemplador

---

[3] *Salmo* 8, 6.
[4] Ver *Génesis,* dos primeros capítulos; *Platón, Timeo,* 41 b ss.

del universo. Ya todo lleno, todo distribuido por sus órdenes sumos, medios e ínfimos. Cierto, no iba a fallar, por ya agotada, la potencia creadora del Padre en este último parto. No iba a fluctuar la sabiduría como privada de consejo en cosa así necesaria. No sufría el amor dadivoso que aquél que iba a ensalzar la divina generosidad en los demás, se viera obligado a condenarla en sí mismo.

Decretó al fin el supremo Artesano que, ya que no podía darse nada propio, fuera común lo que en propiedad a cada cual se había otorgado. Así pues, hizo del hombre la hechura de una forma indefinida, y, colocado en el centro del mundo, le habló de esta manera: «No te dimos ningún puesto fijo, ni una faz propia, ni un oficio peculiar, ¡oh Adán!, para que el puesto, la imagen y los empleos que desees para ti, esos los tengas y poseas por tu propia decisión y elección. Para los demás, una naturaleza contraída dentro de ciertas leyes que les hemos prescrito. Tú, no sometido a cauces algunos angostos, te la definirás según tu arbitrio al que te entregué. Te coloqué en el centro del mundo, para que volvieras más cómodamente la vista a tu alrededor y miraras todo lo que hay en ese mundo. Ni celeste, ni terrestre te hicimos, ni mortal, ni inmortal, para que tú mismo, como modelador y escultor de ti mismo, más a tu gusto y honra, te forjes la forma que prefieras para ti. Podrás degenerar a lo inferior, con los brutos; podrás realzarte a la par de las cosas divinas, por tu misma decisión.» ¡Oh sin par generosidad de Dios Padre, altísima y admirable dicha del hombre! Al que le fue dado tener lo que desea, ser lo que quisiere. Los brutos, nada más nacidos, ya traen consigo (como dice Lucilio) del vientre de su madre lo que han de poseer. Los espíritus superiores, desde el comienzo, o poco después, ya fueron lo que han de ser por eternidades sin término. Al hombre, en su nacimiento, le infundió el Padre toda suerte de semillas, gérmenes de todo género de vida. Lo que cada cual cultivare, aquello florecerá y dará su fruto dentro de él. Si lo vegetal, se hará planta; si lo sensual, se embrutecerá; si lo racional, se convertirá en un viviente celestial; si lo intelectual, en un ángel y en un hijo de Dios. Y, si no satisfecho con ninguna clase de criaturas, se recogiere en el centro de su unidad, hecho un espíritu con Dios, introducido en la misteriosa soledad del Padre, el que fue colocado sobre todas las cosas, las aventajara a todas. ¿Quién no admirará a este camaleón? o ¿qué cosa más digna de admirar? No sin razón dijo Asclepio ateniense que el hombre, en razón de su naturaleza mudadiza y trasformadora de sí misma, era representado en los relatos místicos por Proteo. De ahí aquellas metamorfosis de hebreos y pitagóricos. Porque la teología más secreta de los hebreos, ya trasfigura al santo Enoch en un ángel de la deidad, a quien llaman מלאך השכינה, ya en diversas realidades divinas. Y los pitagóricos trasforman a los hombres malvados en brutos y, si creemos a Empédocles [5], en plantas. Imitando lo cual, Mahoma tenía frecuentemente en la boca aquello de que: «Quien se apartare de la ley de Dios, se hace un bruto», y con razón, porque a la planta no la hace la corteza, sino su naturaleza obtusa e insensible, ni a los jumentos su pellejo, sino su alma de bestia y sensual, ni al cielo el cuerpo redondo, sino la recta razón, ni el ángel lo es por no tener cuerpo, sino por su inteligencia espiritual. Así, si vieres a uno entregado a su vientre, arrastrándose por el suelo, es una planta, no un

---

[5] *Empédocles*, fr. 117 (Diels).

hombre lo que ves; si vieres a alguien enceguecido, como otra Calipso, con vanas fantasmagorías y embadurnado con el halago cosquilloso de los sentidos, esclavo de ellos, bruto es, y no hombre lo que ves; si a un filósofo discerniéndolo todo a a luz de la recta razón, a éste venerarás, animal celeste es, no terreno; si a un puro contemplativo olvidado del cuerpo, recluido en las intimidades del espíritu, ese no es un animal, terrestre ni celeste, es ése un superior *numen* revestido de carne humana.

¿Quién no admirará al hombre? En las sagradas Letras, mosaicas y cristianas, para nombrarle se habla de «toda carne» o «toda criatura», pues es así que él mismo se forja, se fabrica y transforma en la imagen de toda carne [6], en la hechura de todo ser creado. Por ello escribe Evantes Persa, al exponer la teología caldea, que el hombre no tiene de por sí y por nacimiento una figura propia, sí muchas ajenas y advenedizas; de ahí aquellos de los caldeos טבעית בעלחי אנוש הוא שנוים ובמה, es decir, el hombre, animal de naturaleza multiforme y mudadiza.

[3]   Pero ¿a qué viene todo esto? Para que entendamos que, una vez nacidos con esta condición dicha, de que seamos lo que queremos ser, hemos de procurar que no se diga de nosotros aquello de: «Estando en honor, no lo conocieron, hechos semejantes a los brutos y jumentos sin entendimiento» [7], sino más bien aquello del profeta Asaph: «Dioses sois todos e hijos del Altísimo» [8], y que por usar mal de la benevolentísima generosidad del Padre, no vayamos a convertir en perniciosa la saludable opción libre que nos

---

6   *Génesis*, 6, 12.
7   *Salmo* 49 (48), 21.
8   *Salmo* 82 (81), 6.

otorgó. Que se apodere de nuestra alma una cierta santa ambición de no contentarnos con lo mediocre, sino anhelar lo sumo y tratar de conseguirlo (si queremos podemos) con todas nuestras fuerzas. Desdeñemos lo terrestre, despreciemos lo celeste y, finalmente, dejando atrás todo lo que es mundo, volemos hacia la corte supermundana próxima a la divinidad augustísima.

Allí, como nos dicen los oráculos sagrados, se aventajan los Serafines, los Querubines y los Tronos. Emulemos la dignidad y la gloria de éstos, puestos ya en no retroceder a un segundo puesto. Si nos empeñamos, en nada seremos inferiores a ellos.

[4] Pero ¿cómo y con qué género de acciones? Veamos lo que ellos hacen, qué clase de vida vivan. Si esa misma vivimos nosotros (pues podemos), igualaremos su suerte. El Serafín arde en fuego de amor, el Querubín brilla con el esplendor de la inteligencia, inconmovible está el Trono con la firmeza del juicio. Si, pues, sumergidos en una vida de actividad externa, tomamos con ponderado juicio el cuidado de los inferiores, nos afirmamos con la misma solidez de los Tronos; si, liberados del afán de la acción, granjeamos el ocio contemplativo, considerando en la obra al Artífice y en el Artífice a la obra, resplandeceremos con luz querúbea por todo nuestro ser; si con el amor nos apegamos ardientemente al mismo y solo Artífice con aquel fuego devorador, nos inflamaremos de repente en forma seráfica. Sobre el Trono, es decir, sobre el juez justo, descansa Dios, Juez de los siglos; sobre el Querubín, o sea el contemplativo, aletea Él, y con su calor incubador, como que lo hace germinar, pues el Espíritu del Señor se cierne so-

bre las aguas[9], las de sobre el firmamento, las que en Job alaban a Dios con himnos matinales[10]. El que es Serafín, o sea amante, en Dios está y Dios en él; más, Dios y él son una misma cosa. Grande el poder de los Tronos, que alcanzaremos juzgando, insuperable la sublimidad de los Serafines, que tocaremos amando.

Mas, ¿cómo será posible juzgar o amar alguien aquello que no conoce? Moisés amó a Dios a quien vio y administró justicia en su pueblo por lo que antes contempló en la montaña. Diremos, pues, que el Querubín, mediando en nuestro empeño, nos prepara con su luz para el fuego seráfico, y nos ilumina igualmente para el juicio de los Tronos. Este es el lazo de unión de las más altas inteligencias, el trámite de Minerva que gobierna la filosofía especulativa, el que hemos nosotros de emular y ambicionar primero, y de tal manera asimilar, que de allí pasemos a escalar las más altas cumbres del amor, y así, bien enseñados y preparados, descendamos a poner por obra las exigencias de la acción. Todavía era preciso, para conformar nuestra vida con el ejemplar de la vida querúbea, tener bien presente y a punto, qué clase de vida sea la suya, cuáles sus acciones, cuáles sus obras. Y como no nos es dado conseguir esto por nosotros mismos, que somos carne y sólo gustamos lo que hay a ras de tierra, acudamos a los Padres antiguos que podrán darnos abundantísima y segura cuenta de todo esto, como de cosas de casa y a ellos familiares.

[5] Preguntemos a Pablo Apóstol, vaso de elección, cuando fue arrebatado al tercer cielo[11],

---

[9] *Génesis*, 1, 2.
[10] *Job*, 38, 7.
[11] *2 Cor.*, 12, 2.

qué es lo que vio hacer a los ejércitos de los Querubines. Responderá, por su intérprete Dionisio, que, lo primero, se purifican, luego son iluminados y por fin llegan a perfectos [12]. Nosotros, pues, emulando en la tierra la vida querúbea, purgaremos nuestra alma, refrenando, por medio de la ciencia moral, los ímpetus de nuestras pasiones, disipando con la dialéctica las tinieblas de la razón, expeliendo así las inmundicias de la ignorancia y de los vicios, de forma que, ni se desboquen indómitos nuestros afectos, ni caiga inconsideradamente nuestra razón en trances de delirio. Entonces venga la filosofía natural a bañar con su luz nuestra alma, ya bien recompuesta y purificada, y, finalmente, la lleve a la perfección con el conocimiento de las cosas divinas [13]. Y para no quedarnos en los nuestros, preguntemos al patriarca Jacob, cuya figura resplandece en trono de gloria. Nos instruirá este sapientísimo Padre, dormido acá en el suelo y vigilante allá en la altura; y lo hará por modo de alegoría (así les acontecía en todo), diciéndonos que hay una escala apoyada en la Tierra y alargada hasta el último Cielo, señalada con un gran número de gradas, con el Señor arriba sentado en lo alto, y los ángeles contemplativos alternativamente subiendo y bajando por las gradas.

Si, pues, hemos de emplearnos en lo mismo, codiciando esa semejanza con la vida angélica, ¿quién, pregunto, llegará a esa escala del Señor con sórdido pie o con manchadas manos? Al impuro, como dicen los sagrados textos, no le es lícito tocar lo puro. Pues ¿cuáles son esos pies y esas manos? Diremos que los pies del alma son aquella porción despreciabilísima, con la cual se

---

[12] *Pseudo-Dionisio, De Coelesti Hierarchia,* VI-VII.
[13] *Genésis,* 28, 12-13.

asienta en la materia, como en el suelo de la Tierra, quiero decir, la potencia nutricia y tragona, incentivo de placer y maestra de molicie. Las manos del alma, ¿no diremos que son la potencia irascible, que lucha por ella, aliada del apetito, y que cobra su presa al polvo y al sol, presa que ella, dormitando a la sombra, engulle y se refocila? Estas manos y estos pies, a saber, toda la parte sensual, en la que tiene su asiento el halago del cuerpo, que retiene al alma (como dicen) agarrándola por el cuello, hemos de lavar con la filosofía moral, como con un chorro de agua fluyente, para no ser apartados de la escala como profanos y manchados. Y ni esto bastará si queremos ser compañeros de los ángeles discurriendo por la escala de Jacob, si previamente no somos entrenados e instruidos para avanzar debidamente de peldaño en peldaño, para no salirnos nunca de la escala y para acertar en nuestros movimientos alternativos por ella. Y cuando ya, por el arte sermocinal o racional, hayamos conquistado esto, entonces, vivificados por el espíritu querúbeo, filosofando por los grados de la escala, es decir, de la naturaleza, yendo por todas las cosas con un movimiento de centro al centro, o bien descenderemos, disolviendo el Uno en la multitud, con fuerza titánica, como a Osiris, o bien ascenderemos, recogiendo los miembros de Osiris, tornándolos a la Unidad, con fuerza apolínea, hasta que, finalmente, lleguemos a la consumación, descansando con felicidad teológica en el seno del Padre, que está en lo más alto de la escala.

[6] Preguntemos también al justo Job, que selló un pacto con el Dios de la vida antes de venir él mismo a la vida, qué es lo que principalísimamente desea el altísimo Dios en aquellos

millones que le asisten [14]; responderá ciertamente que la paz, según aquello que leemos en él: «el que hace la paz en las alturas». Y como los imperativos de un orden supremo los interpreta para los órdenes inferiores un orden intermedio, que nos interprete Empédocles [15], filósofo, las palabras del teólogo Job. Aquél distingue una doble naturaleza en nuestras almas; por la una, somos elevados a lo celeste; por la otra, somos empujados a lo bajo, lo que nos traduce él con los nombres de la discordia y amistad, o bien, de guerra y de paz, según lo muestran sus poemas; y se duele él de que, zarandeado por la discordia y la guerra, semejante a un loco, huyendo de los dioses, se ve lanzado al abismo.

Varia es, en efecto, Padres, entre nosotros la discordia, graves e intestinas luchas tenemos en casa, más que guerras civiles; y si no queremos que las haya, si anhelamos aquella paz que nos levante a lo alto, hasta ponernos entre los próceres del Señor, sólo la filosofía nos contendrá y pondrá en paz de veras dentro de nosotros. Primero, la moral, si tan sólo nuestro hombre busca una tregua con los enemigos, enfrenará las desbocadas salidas del multiforme animal que llevamos dentro y quebrantará las trifulcas, las furias y asaltos del león de fuera. Después, si más cuerdamente mirando por nosotros, deseamos la seguridad de una paz duradera, aquélla misma estará a punto y colmará generosamente nuestros deseos. Pues, herida de muerte una y otra fiera, como puerca sacrificada, sellará un pacto inviolable de paz santísima entre la carne y el espíritu. La dialéctica calmará las tropelías de una razón nutrida de incoherencias verbales y los

---

[14] *Daniel*, 7, 10.
[15] *Empédocles*, fr. 115 (Diels).

engaños envueltos en silogismos de un adversario atosigante y alborotado. La filosofía natural calmará las discordias de la opinión, los desacuerdos que atormentan, dislocan y dilaceran el alma inquieta. Pero de tal manera los calmará, que haremos bien en recordar aquello de Heráclito [16], que la naturaleza fue engendrada por la guerra y, por lo mismo, fue apellidada lucha por Homero. Por esto, no es ella, la filosofía, la llamada a darnos el verdadero sosiego y paz firme; ese es oficio y privilegio de la Teología santísima. Hacia ésta nos mostrará aquélla el camino y aun nos acompañará haciendo de guía; la cual Teología, viéndonos de lejos acudir a ella, «Venid a mí —clamará— los que os fatigásteis, venid y yo os aliviaré; venid a mí y yo os daré la paz que el mundo y la naturaleza no os pueden dar».

[7] Tan blandamente llamados, tan benignamente invitados, volando con pies alados, como otros Mercurios terrestres, a los abrazos de la madre bienhadada, gozaremos de la deseada paz, paz santísima con unión indisoluble, en amistad unánime, en que todas las almas no sólo concuerdan con una Mente que es sobre toda mente, sino que en un cierto modo inefable, se hacen por completo una cosa con ella. Esta es aquella amistad que dicen los pitagóricos ser el fin de toda la filosofía. Esta aquella paz que se labra Dios en sus alturas, la que los ángeles, descendiendo a la tierra, anunciaron a los hombres de buena voluntad [17], para que, por ella, los mismos hombres, ascendiendo hasta el Cielo, se hicieran ángeles. Esta paz deseemos para los amigos, ésta para nuestro tiempo, ésta para toda casa en que entremos; ésta deseemos para nues-

---

[16] *Heráclito*, fr. 53 (Diels).
[17] *Luc.*, 2, 14.

tra alma, de forma que, por la misma, se haga ella morada de Dios; que después de haber lanzado, por virtud de la moral y la dialéctica, todas sus inmundicias, tras haberse embellecido con las diversas partes de la filosofía como con un atuendo de corte, y haber coronado los dinteles de las puertas con las guirnaldas de la Teología, descienda el Rey de la gloria, quien, viniendo con el Padre, ponga en ella su morada. Si se hace digna de tan gran huésped, más bien inmensa clemencia suya, engalanada con un vestido de oro, como manto nupcial, rodeada de la multicolor variedad de las ciencias, recibirá al hermoso huésped no ya como huésped, sino como esposo, para nunca más separarse del cual deseará antes ser arrancada de su pueblo y de su casa paterna, más aún, olvidada de sí misma, ansiará morir así para vivir en el esposo, a cuya vista es preciosa la muerte de sus santos, aquella muerte, si cabe llamarla muerte, mejor plenitud de vida, en cuya consideración pusieron los sabios el oficio de la filosofía.

[8] Citemos también al mismo Moisés, poco inferior a la fontal plenitud de inteligencia sacrosanta e inefable, de la que los ángeles sacan para apurar su néctar. Oigamos al juez venerando quien, a los que habitamos la desierta soledad de este cuerpo, así promulga sus leyes: «los que, manchados, aún necesitan de la moral, moren con el pueblo al aire libre, como los sacerdotes de Tesalia, alejados de la tienda de la alianza, en régimen de expiación. Los que ya arreglaron sus costumbres, admitidos al Santuario, todavía no toquen las cosas santas, sino antes, como cumplidos Levitas de la filosofía ejercitando el servicio dialéctico, sirvan aún fuera, a los ritos sagrados. Luego, ya admitidos a participar en éstos, como ejercicio sacerdotal de la filosofía, contemplen

ya el ornato polícromo de la corte de Dios supremo, es decir, el Cielo sideral, ya el celeste candelabro de siete lámparas, ya los otros ornatos de piel del Santuario; y así, al final, por virtud de la sublimada Teología, recibidos en lo más secreto del Templo, sin velo alguno de imagen interpuesto, gocemos de la gloria de la Divinidad». Esto nos lo manda Moisés, y mandando, nos amonesta, acucia e invita a que, por la filosofía, mientras podamos, nos preparemos el camino a la futura gloria del cielo [18].

[9] Pero ni sólo Moisés, o los misterios cristianos, también la teología de los Antiguos nos muestra los bienes y la dignidad de las artes liberales, en cuya discusión estoy metido. ¿Qué otra cosa significan, en efecto, los grados de los iniciados observados en los misterios de los griegos? En los cuales, purificados primero mediante aquellas, que hemos dicho artes expiatorias, a saber, la moral y la dialéctica, les llegaba la recepción en los misterios. ¿Qué otra cosa puede ser eso sino la investigación de los secretos de la naturaleza mediante la filosofía natural? Entonces, ya así preparados, venía aquella ἐποπτεία, es decir, la contemplación de las cosas divinas mediante la luz de la Teología. ¿Quién no anhelará ser iniciado en semejantes misterios? ¿Quién, despreciando todo lo humano, hollando los bienes de la fortuna, descuidado del cuerpo, no deseará, todavía habitante de esta tierra, ser comensal de los dioses, y embriagado con el néctar de eternidad, mortal animal aún, recibir el regalo de la inmortalidad? ¿Quién no querrá ser arrebatado por los transportes aquellos de Sócrates que describe Platón en el *Fedro* [19], y, remando

---

[18] *Éxodo*, 25-26. Descripción del Santuario.
[19] *Fedro*, 244 ss.

con pies y alas, en velocísima carrera, huir de aquí, de este mundo, todo dominado por el maligno, y ser llevado a la Jerusalén celestial? Seremos transportados, Padres, seremos arrebatados por los entusiasmos socráticos, que nos sacarán de tal manera fuera de nosotros mismos, que pondrán a nuestra mente y a nosotros mismos en Dios. Seremos así llevados, si antes hubiéremos hecho lo que está en nuestro poder. Si, efectivamente, por la moral, las fuerzas de los apetitos van dirigidas por sus cauces regulares según las debidas funciones, de modo que resulte de ello un concierto acordado, sin disonancias perturbadoras; y, si, por la dialéctica, se mueve la razón avanzando hacia su propio orden y medida, tocados por el arrebato de las Musas, henchiremos nuestros oídos con la armonía celeste. Entonces el corifeo de las Musas, Baco, revelándonos a nosotros filosofantes, en sus misterios, es decir, en los signos de la naturaleza visible, lo invisible de Dios, nos embriagará con la abundancia de la casa de Dios, en toda la cual si somos, como Moisés fieles, haciendo su entrada la Teología, nos enardecerá con un doble ímpetu: por un lado encumbrados a aquel elevadísimo mirador, midiendo desde allí con la eternidad indivisible lo que es, lo que será y lo que fue, y contemplando la Primera Hermosura, seremos amadores alados de ella como apolíneos vates, y por otro, pulsados como por un plectro por el amor inefable, convertidos en encendidos Serafines, fuera de nosotros, henchidos de Divinidad, no seremos ya nosotros mismos, seremos Aquel mismo que nos hizo.

[10]   Si alguien se pone a escudriñar los sagrados nombres de Apolo, sus ocultos y misteriosos sentidos, verá que aquel dios, tanto repre-

116

senta a un filósofo como a un poeta. Y, pues, ya Ammonio lo trató y concluyó suficientemente, no hay por qué lo lleve yo ahora por otros caminos. Pero evocad, Padres, los tres preceptos délficos imprescindibles para aquéllos que han de penetrar en el sacrosanto y augustísimo Templo, no ya del figurado, sino del verdadero Apolo, de Aquel que ilumina a toda alma que viene a este mundo; veréis que no otra cosa nos inculcan sino que tomemos a pechos, con todas nuestras fuerzas, esta filosofía tripartita, en torno a la cual gira nuestra presente disputa, Porque aquello de μηδὲν ἄγαν, es decir, «nada en demasía», viene a dar norma y regla a todas las virtudes con el criterio de la mediedad, de la que se ocupa la moral. Y aquel γνῶϑι σεαυτόν, es decir, «conócete a ti mismo», nos incita y estimula al conocimiento de toda la naturaleza, cuyo broche y como resumen es la naturaleza del hombre; pues quien se conoce, conoce todo en sí, como escribieron ya, primero Zoroastro, y luego Platón en el *Alcibíades* [20]. Finalmente, iluminados por este conocimiento mediante la filosofía natural, muy cerca ya de Dios, pronunciando el EI, es decir, «Eres», con invocación teológica, nombraremos, tan familiar como felizmente, al verdadero Apolo.

[11] Preguntemos también al sapientísimo Pitágoras, sabio, ante todo, porque nunca se consideró digno del nombre de sabio. Nos ordenará primero que no nos sentemos sobre el celemín, es decir, que no perdamos por desidia, ni aflojando por vagancia, la parte racional con la que el alma todo lo mide, lo juzga y lo escudriña, sino que con el ejercicio y regla dialéctica, asidua-

---

[20]   *Alcibíades I*, 132 c.

mente la dirijamos y excitemos. Y luego nos pondrá en guardia contra dos cosas; una, mear contra el sol, y otra, cortarnos las uñas durante el sacrificio. Sólo cuando, por la moral, hayamos expulsado fuera las apetencias lúbricas de los desbordados deleites, y hayamos cercenado los rebordes, como afilados salientes, de la ira y las púas del alma, entonces, y sólo entonces, entremos a tomar parte en los ritos sagrados, a saber, en los misterios antes mencionados de Baco, cuyo padre y guía con razón se dice ser el Sol; entonces será nuestro vacar a la contemplación. Lo último, nos mandará que echemos comida al gallo, quiere decir, que alimentemos la parte divina de nuestra alma con el conocimiento de las cosas divinas como con manjar sólido y ambrosía celeste. Este es el gallo a cuya vista el león, es decir, toda potestad terrena, tiembla y reverencia; éste es aquel gallo al que leemos en Job [21] haberle sido dada inteligencia; al canto de este gallo el hombre descarriado vuelve en sí. Este gallo, al alborear el crepúsculo matutino, cuando cantamos a Dios con los luceros de la mañana, viene cada día a sumarse al concierto. Este gallo Sócrates [22], ya a punto de muerte y en la espera de unirse la divinidad de su alma a la divinidad del gran mundo, dice deberlo a Esculapio, como a médico de las almas, aun fuera ya de toda contingencia de enfermedad.

[12] Reseñamos también los testimonios de los caldeos; veremos (si les damos fe) que está abierta a los mortales, por las mismas artes, la vía a la felicidad. Escriben los exegetas caldeos haber afirmado Zoroastro que el alma era alada,

---

[21] *Job*, 38, 36.
[22] *Fedón*, 118 a.

y que, desprendiéndose las alas, cayó precipitada en el cuerpo; pero, volviendo aquéllas a crecerle, remontó el vuelo hacia los dioses; preguntándole los discípulos por qué vía conseguirían ellos unos ánimos voladores con alas bien plumadas: «regad, dijo, las alas con las aguas de la vida». De nuevo, insistiendo ellos, de dónde obtendrían tales aguas, por vía de parábola (como era su estilo) les respondió [23]: «Con cuatro ríos es bañado y regado el paraíso de Dios; de allí sacaréis para vosotros aguas saludables; el que viene del Septentrión se llama Pischón, que quiere decir lo recto; el que viene del Poniente, Dichón, que significa expiación; el que viene del Oriente, Chiddekel, que suena a luz, y el que viene del Sur, Perath, que puede traducirse por piedad». Fijaos, Padres, mirad atentamente lo que significan estas enseñanzas de Zoroastro; con seguridad no otra cosa sino que, por la ciencia moral, como con baños recios del Septentrión, expiemos las impurezas de nuestros ojos; por la dialéctica, como con una regla boreal, untemos su pupila para lo recto. Entonces por la consideración de la filosofía natural, vayamos acostumbrándonos a aguantar la luz, aún tenue, de la verdad, como los primeros destellos del sol en su nacimiento, hasta que, por fin, por la devoción teológica y culto santo de Dios, sostengamos esforzadamente, cual águilas de altura, el fortísimo resplandor del sol en su cenit meridial. Estos pueden ser aquellos saberes matinales, meridianos y vespertinos, cantados, primero, por David [24] y explicados más ampliamente por Agustín. Esta es aquella luz de fuego de mediodía que hiere en la cara

---

[23] Ver *Genésis*, 2, 10-14; los ríos del paraíso.
[24] *Salmo* 55 (54), 18. Agustín, *De genesi ad litteram*, IV, 23-30 *(Patr. Lat.*, 34, 315-316).

e inflama a los Serafines y que igualmente ilumina a los Querubines. Esta es la región hacia la cual dirigía siempre sus pasos el viejo patriarca Abraham. Este aquel lugar donde, según la opinión de los cabalistas y de los moros, no hay lugar para los espíritus inmundos. Y si de los muy secretos misterios es lícito sacar algo a la luz pública siquiera sea bajo velo de enigma, puesto que la repentina caída del cielo hirió de vértigo la cabeza de nuestro hombre y, según Jeremías, colándose la muerte por las ventanas [25], dañó el hígado y el corazón, invoquemos a Rafael, el médico celestial, que nos curará con los saludables fármacos de la moral y de la dialéctica. Ya de nuevo restablecidos a buena salud, vendrá a morar con nosotros Gabriel, la fuerza de Dios, quien, llevándonos a través de los milagros del orden natural, mostrándonos por doquier la virtud y el poder de Dios, finalmente nos entregará al sumo Sacerdote, Miguel, el cual, a los que dimos buena cuenta de nosotros, sirviendo bajo las banderas de la filosofía, nos marcará, como con corona de piedras preciosas, con el sacerdocio de la Teología.

[13] Estas son las cosas, Padres respetabilísimos, que, no sólo me animaron, sino me empujaron al estudio de la filosofía. Cosas que de cierto no pensaba decir si no tuviera que responder a los que suelen proscribir el estudio de la filosofía, máxime para las personas principales, o, en general, para los que viven con una fortuna pasable. Pues todo esto que es filosofar (tal es la desgracia de nuestro tiempo) tira más a desprecio e injuria que a honor y gloria. Hasta este grado penetró ya en la mente de casi todos esta nefasta y

---

[25] *Jeremías*, 9, 10.

monstruosa creencia de que en modo alguno hay que filosofar, o sólo por pocos, como si en el explorar hasta lo último y hacerse familiar las causas de las cosas, los usos de la naturaleza, el sentido del universo, los designios de Dios, los misterios de los cielos y de la Tierra, no hubiera más que el interés de granjearse algún favor o de proporcionarse algún lucro. Se ha llegado (¡oh dolor!) hasta no tenerse por sabios sino a los que convierten en mercenario el cultivo de la sabiduría, y se da así el espectáculo de una púdica Minerva, huésped de los mortales por regalo de los dioses, arrojada, gritada, silbada. No tener quien la ame, quien la ampare, a no ser que ella, como prostituta y cambiando por unas monedas su deflorada virginidad, eche en el cofrecito del amante la mal ganada paga. Todo lo cual yo, no sin grandísimo dolor e indignación, lo digo, no contra los príncipes, sino contra los filósofos de este tiempo, los que piensan y proclaman que no vale la pena filosofar, porque para los filósofos no hay establecidos ningunos premios, ninguna paga, como si no bastara esto para demostrar con ello que no son filósofos. Pues, si toda su vida está puesta en la ganancia o en la ambición, claro es que no abrazan el conocimiento de la verdad por sí misma. Me concederé esto a mí, y no me avergonzaré de alabarme por no haberme puesto a filosofar por otra causa sino por el filosofar mismo, ni esperar o buscar de mis estudios y de mis elucubraciones otra recompensa o fruto que el cultivo del espíritu y el conocimiento de la verdad, siempre y en alto grado deseada. Tan deseoso y apasionado por ella siempre fui que, desechado todo cuidado de asuntos privados y públicos, me entregué todo al ocio de la contemplación, del cual ningunas murmuraciones de los envidiosos, ningún dicterio de los enemigos de la sabiduría me pudieron hasta ahora, ni en lo futuro me podrán apartar. Me enseñó la misma filosofía a depender de mi propio sentir más que de los juicios de otros, y a cuidar, no tanto de no andar en las lenguas maldicientes, cuanto de no decir ni hacer yo mismo algo malo.

[14] Ciertamente, no se me ocultaba, Padres respetabilísimos, que esta mi Disputa iba a ser tan grata y agradable para todos vosotros que favorecéis las buenas artes y que quisisteis honrarla con vuestra augustísima asistencia, como pesada y molesta para muchos otros. Sé que no faltan quienes reprobaron ya antes mi propósito y lo condenan ahora con muchos apelativos. Fue ya usual no tener menos, por no decir más, detractores lo bueno y santo que se hace para la virtud, que lo inicuo y perverso que va para el vicio. Hay quienes no aprueban todo este género de disputas y de debatir en público temas doctrinales, afirmando que es más para la pompa vana del ingenio y la ostentación del saber que para el aumento del conocimiento. También hay quienes, sin reprobar este género de ejercicios, de ninguna manera lo aprueban en mí; que yo a mi edad, a mis veinticuatro años, haya osado proponer tal Disputa sobre altísimos misterios de la Teología cristiana, sobre pasajes profundísimos de la Filosofía, de disciplinas desconocidas, y esto en una celebérrima Urbe, ante una lucidísima asamblea de doctísimos varones, a la vista del senado apostólico. Otros todavía, concediéndome esto, que baje a la Disputa, no acceden a que abarque las novecientas cuestiones, incriminándome, tanto la superfluidad y ambición, como el emprender lo superior a mis fuerzas. A decir verdad, me hubiera rendido en seguida a estas objeciones, si en este sentido me

hubiera guiado la filosofía que profeso; y de aconsejarme ella así, no respondería en esta hora, si creyera que la tal *Disputa* entablada entre nosotros, lo era sólo por el afán de pelea y de contienda. Por ello, quede fuera todo propósito de atacar o de herir, y la mala sangre, que dice Platón estar siempre ausente del concierto divino [26], huya también de nuestras mentes, y pongámonos amistosamente a considerar si vale la pena mi *Disputa* y si vale discutir de tal número de cuestiones.

[15] Lo primero, pues, a los que recriminan este uso de la *Disputa* pública no les voy a decir muchas cosas, dado que esta culpa, si es culpa, no sólo me es común con vosotros todos, doctores excelentísimos, que muchas veces, y no sin extremada loa y gloria, habéis cumplido con este oficio, sino común también con Platón y Aristóteles, y con autorizadísimos filósofos de todos los tiempos. Tenían éstos por averiguadísimo que nada era tan importante para alcanzar el conocimiento de la verdad, en cuya busca se afanaban, como frecuentar al máximo este ejercicio de disputa. Porque, así como por la gimnasia se robustecen las fuerzas del cuerpo, así, sin género de duda, en esta palestra literaria, las fuerzas del alma se tornan incomparablemente más fuertes y más lozanas. Y pienso yo que los poetas, cuando cantan las armas de Minerva, o cuando los hebreos ponen al בַּרְזֶל al hierro como símbolo de los hombres sabios, no otra cosa quieren darnos con ello a entender sino los limpísimos combates de esta clase, como imprescindibles para adquirir la sabiduría. Y por la misma razón, de seguro, también los caldeos, en la crianza del que

---

[26] *Fedro*, 247 a.

va a ser filósofo, quieren que Marte mire a Mercurio con una triple mirada, como si, quitando estos encuentros, estas luchas, cayera en sopor y somnolencia toda filosofía.

[16] Bien veo, ciertamente, que me es más difícil salvar la razón de mi desacuerdo con aquéllos que me achacan mi incompetencia en este terreno. Pues, si afirmo la competencia, veo caer sobre mí la nota de inmodesto y engreído; si me reconozco incompetente, cargaré con el reproche de temerario y desaconsejado. Ved en qué apuros me he metido, en qué lugar me he colocado, donde no puedo, sin faltar, prometer de mí lo que, sin faltar, no puedo dejar de dar. Por ventura me valdrá aquello de Job que «el espíritu está en todos» [27], y lo de Pablo a Timoteo, «nadie desprecie tu juventud» [28]. Pero con mucha más verdad diré, desde la sinceridad y convicción de mi ánimo, que nada hay en nosotros de grande ni singular. No negaré que soy estudioso y amante de las buenas artes, pero nombre de docto, ni lo tomo ni me lo arrogo. Por lo cual, el haberme echado sobre los hombros un tan gran peso, no fue porque no fuésemos conscientes de nuestra debilidad, sino porque sabía que esta suerte de peleas, es decir, literarias, tiene de peculiar, que ser vencido en ellas es ganar. De lo que resulta que el más pobre de luces puede y debe no sólo emplearse en ellas, sino adelantarse a desearlas. Puesto que el que cae recibe del vencedor beneficio, no daño. Por él, en efecto, torna a casa más rico, es decir, más docto, y más pertrechado para ulteriores encuentros. Con ello confortado yo, soldado bisoño, no he temido en-

---

[27] *Job*, 32, 8.
[28] *I Tim.*, 4, 12.

tablar tan recio combate con los más diestros y valerosos. Que si en esto ha habido temeridad o no, más atinadamente lo dirá quien juzgue más por el éxito de la pelea que por nuestra edad.

[17]   Resta, pues, en tercer lugar, responder a aquellos a quienes ofende tan numerosa serie de cuestiones propuestas, como si la carga fuera a pesar sobre sus hombros y no sobre los míos, que habrán de soportar a solas todo el trabajo. Poco razonable, en verdad, y sobremanera impertinente querer poner medida al empeño ajeno y, como afirma Cicerón, afectar medianía en aquello que tanto es mejor cuanto más es. En definitiva, al arrostrar tan colosal hazaña, preciso era o sucumbir en ella o darle cima. Si salía con ella adelante, no veo por qué lo que es para alabar, acertando en diez cuestiones, sea vituperable acertando en novecientas. Si sucumbía, tendrían, los que me quieren mal, de dónde acusarme, y los que me quieren bien, de dónde excusarme. Pues en asunto tan grande y tan desmesurado, que un adolescente falle, por cortedad de talento o por poquedad de doctrina, más es digno de indulgencia que de acusación. El mismo poeta dirá [28 bis]:

si fallan las fuerzas, la osadía será un honor,
en lo grande vale ya el querer.

Pues si en nuestro tiempo muchos, imitando a Gorgias Leontino, no sin aplauso, acostumbraron a proponer disputas, no digo ya sobre novecientos temas, sino sobre todas las cuestiones de todas las artes, ¿por qué no va a serme a mí permitido, sin faltar en nada, disputar sobre multi-

---

[28 bis] *Propercio, Eleg.*, lib. III.

tud de cosas, muchas, sí, pero ciertas y determinadas?

Pero eso, dicen, es superfluo y ambicioso. Yo, por el contrario, sostengo que no he hecho esto a la ligera, sino por necesidad, como, aun a su pesar, se verán ellos forzados a reconocer, si se ponen a considerar conmigo la naturaleza del filosofar. Porque los que se adhieren a alguna de las familias de filósofos, inclinándose a Tomás, por ejemplo, o a Escoto, que son ahora muy leídos, sólo pueden arriesgar sus propias opiniones en la discusión de unas pocas cuestiones. Pero yo de tal manera me formé que, no jurando en palabras de nadie, me he internado por todos los maestros de la filosofía, he revuelto todos los pergaminos, he pasado revista a todas las escuelas. Y como tenía que pronunciarme sobre todas ellas, no fuera que si, por defender una opinión particular, pospondría las otras, pareciera vinculado a aquella, no pudo ser sino que, aun diciendo poco de cada una, fuesen muchas las cosas que se ofrecía decir, al mismo tiempo, de todas. Y nadie me reproche que haga asiento allí dondequiera me empujan los vientos de la hora, pues fue ya uso de todos los Antiguos revolver toda clase de escritos, y no dejar por leer, en lo posible, los comentarios de otros. Principalmente desde Aristóteles que, por esta causa, era apellidado por Platón el ἀναγνώστης, es decir, el lector. Y, a decir verdad, de bien estrecho espíritu es encerrarse sólo en el Pórtico, o sólo en la Academia, ni es posible escogerse con tino para sí una familia propia, entre todas, quien no ha tenido antes trato familiar con todas. Juntad a ello que en cada familia hay algo sobresaliente que no tiene de común con las demás.

[18] Y para comenzar con los nuestros, a

los que en el último tiempo llegó la filosofía, hay en Juan Escoto cierta lozanía y sutileza, en Tomás solidez y equilibrio, en Egidio diafanidad y justeza, en Francisco lo incisivo y agudo, en Alberto lo añejo, vasto y grandioso, en Enrique, es mi opinión, siempre lo sublime y venerando. Entre los árabes, en Averroes hay firmeza irrebatible, en Avempace, en Alfarabi, seriedad y ponderación. En Avicena se echa de ver lo divino y lo platónico. En los griegos, en general, siempre la filosofía es clara y acendrada. En Simplicio abundosa y rica, en Temistio elegante y compendiosa, en Alejandro coherente y erudita, en Teofrasto elaborada a conciencia, en Ammonio, suelta y amena. Y si volvemos a los platónicos, para citar unos pocos, en Porfirio te deleitarás con la abundancia de materias y una religiosidad polifacética, en Jámblico venerarás una filosofía más oculta, y con los misterios y ritos de los bárbaros, en Plotino no hay al pronto qué admirar en particular, pues siempre resulta admirable, ya hable divinamente de lo divino, ya de lo humano sobrehumanamente, con una sutil ambigüedad de estilo, que sudan los platónicos para, a duras penas, entenderle. Paso por alto a los más recientes, a Proclo, con su desbordante fecundidad asiática, y a los que de él derivaron, Hermías, Damascio, Olimpiodoro, y muchos otros, en todos los cuales aquel τὸ θεῖον, lo divino, brilla siempre como divisa propia de los platónicos.

[19] Además, si alguna secta hay que ataca las proposiciones más evidentes y se mofa con malsana agudeza de las buenas causas, esa confirma la verdad, no la debilita, igual que al revolver el rescoldo no se apaga, sino se aviva la llama mortecina. Movido yo por estas razones, quise traer a cuento las opiniones, no de una en

particular (como hubiera agradado a algunos), sino de cualesquiera escuela o doctrina, a fin de que, con el cotejo de muchas y con la discusión de las más variadas filosofías, luciera más claro a nuestras mentes aquel fulgor de la verdad, del que habla Platón en sus *Cartas* [29], como el Sol naciente emergiendo de las profundidades. ¿Qué sería si sólo tratáramos de la filosofía de los latinos, de Alberto, de Tomás, de Escoto, de Egidio, de Francisco y de Enrique, omitiendo a los filósofos griegos y a los árabes? Siendo así que toda la sabiduría derivó a los griegos de los bárbaros, y de los griegos a nosotros [30].

Así fue constante proceder de los nuestros, al hacer filosofía, al apoyarse en descubrimientos ajenos y cultivar los campos de otros. ¿Qué sería ocuparse de los peripatéticos en la filosofía natural si no se traía también a cuento la Academia de los platónicos, cuyas enseñanzas, en especial sobre las cosas divinas, se han tenido (testigo Agustín) entre todas las filosofías como la más santa, y, por primera vez, que yo sepa (y que no se tome a mal la palabra), después de muchos siglos, ha sido traída por mí a público examen y disputa? ¿A qué venía el tratar de las opiniones de los otros, sin exclusión, si, convidados a este banquete de sabios, entráramos sin escotar lo nuestro, sin aportar nada propio, ningún parto del ingenio y trabajo de nuestra parte? Ciertamente, no es de bien nacidos (como dice Séneca) [31] el saber circunscrito a glosas, como si los

---

[29] *Carta VII*, 341 d.

[30] El pasaje es revelador de la adscripción de Pico a la tesis del origen oriental de la filosofía griega. De ahí el aprecio de los autores de esa área que va del Egipto hasta los confines del cercano Oriente, argumento en favor de la sabiduría de los persas y caldeos, tanto primitivos, Zoroastro, como los representantes del helenismo postaristotélico y neoplatónico.

[31] *Cartas a Lucilio, Carta* 33, 7.

descubrimientos de los mayores nos hubieran cerrado los caminos a nuestro ingenio, como si se hubiera agotado en nosotros el vigor de la naturaleza, sin fuerza ya para engendrar por sí mismo algo nuevo que, si no vale para demostrar la verdad, sí al menos para insinuarla siquiera de lejos. Pues si en el campo el agricultor y en la mujer el marido aborrecen la esterilidad, no menos aborrecerá al alma infecunda una mente divina a ella pegada, cuando sobre todo espera de ella una mucho más noble prole.

[20]   Por todo ello, no contento yo con haber añadido a las doctrinas comunes otras muchas de la antigua teología de Mercurio Trismegisto, muchas de las enseñanzas de los caldeos y de Pitágoras, muchas de las más arcanas de los misterios de los hebreos, propusimos a disputa también una multitud de cosas halladas y meditadas por nosotros tocantes a asuntos naturales y divinos.

[21]   Propusimos primeramente una concordia entre Platón y Aristóteles, por muchos creída, por ninguno suficientemente demostrada. Prometió hacerla Boecio entre los latinos; no se ve que llevara nunca a cabo lo que siempre quiso. Entre los griegos Simplicio, que se propuso lo mismo, ojalá lo hiciera igual que lo prometió. Escribe Agustín en los *Académicos* [32] que no faltaron muchos que con sutilísimas disquisiciones intentaron demostrar lo mismo, a saber, que la de Platón y la de Aristóteles son una misma filosofía. Juan el Gramático, bien que asegure que las disidencias entre Platón y Aristóteles sólo existen para aquellos que no entienden las

---

[32]   *Contra Académicos*, III, 19 (*Patr. Lat.*, 32, 956).

expresiones de Platón, pero luego dejó el probarlo a los venideros. Añadimos muchos pasajes en los que los pareceres de Escoto y Tomás, los de Averroes y Avicena, que se tienen por discordantes, afirmamos que concuerdan entre sí.

[22] En segundo lugar hemos puesto lo que pensamos de la filosofía, tanto aristotélica como platónica, más otras setenta y dos nuevas tesis físicas y metafísicas, las cuales, si alguien las sostiene, podrá (si no me engaño), como será para mi en breve manifiesto, resolver cualquier cuestión de las cosas naturales y divinas, mediante un razonamiento muy distinto de aquel que hemos aprendido en la filosofía que se enseña en las escuelas y que se cultiva por los doctores del tiempo.

Ni era tanto, Padres, cosa de admirarse el que yo, en mi tierna edad, cuando apenas me fue dado el leer los comentarios de otros (como algunos alegan), quisiera traer una nueva filosofía, cuanto de alabarla si se defendía bien, o de condenarla si era reprobable, y, en fin, puestos a juzgar nuestras invenciones y escritos, no tanto contar los años del autor, cuanto sus méritos o servicios.

[23] Existe además, aparte de la que hemos aducido, otra forma nueva de filosofar por vía de números; forma antigua que fue practicada por los teólogos primitivos, por Pitágoras el principal, por Aglaofemo, Filolao, Platón y los primeros platónicos, pero que en este tiempo, como otras cosas preclaras, por la incuria de los posteriores, tanto cayó en desuso que apenas se hallan de ella vestigios. Escribe Platón en la *Epínomis* [33] que entre todas las artes liberales y cien-

---

[33] *Epínomis*, 977 a ss.

cias especulativas, la principal y máximamente divina es la ciencia de los números. Preguntándose por qué el hombre es un animal sapientísimo, se responde: porque sabe contar. De esta afirmación se hace eco Aristóteles en los *Problemas* [34]. Escribe Abumasar que fue un decir de Avenzoar babilonio que aquél que sabía contar sabía todo. Lo cual no puede en modo alguno ser verdadero si por arte de contar entendemos el arte ese en el que, por encima de todos, nuestros mercaderes son peritísimos, lo que corrobora Platón cuando nos advierte, poniendo énfasis en el dicho, que no pensemos que esta divina aritmética es la aritmética mercantil. Creyendo, pues, que tras muchas elucubraciones, he llegado a explorar esa aritmética tan enaltecida, lanzado ya a esta aventurada empresa, prometí responder públicamente, utilizando los números, a setenta y cuatro cuestiones que cuentan entre las principales de la ciencia física y la ciencia divina.

[24] También hemos introducido proposiciones mágicas, en las cuales aclaramos que hay dos clases de magia; una consistente toda ella en obra y poder de los demonios, cosa, por Júpiter, execrada y horrenda; otra que, si bien se examina, no es sino consumada filosofía natural. De una y otra haciendo mención los griegos, nunca otorgan el nombre de magia a aquella primera, a la que denominan γοητείαν, hechicería, a la segunda llaman con propia apelación μαγείαν, como perfecta y suprema sabiduría. Porque lo mismo suena, según Porfirio [35], mago en lengua persa, que entre nosotros intérprete y aficionado

---

[34] *Problemas*, 20, 6, 956 a 12.
[35] *Porfirio, De Abstinencia*, IV, 16.

a las cosas divinas. Grande y diré que extremada es, Padres, la disparidad y desemejanza entre ambas artes. Aquella primera es condenada y execrada no sólo por la cristiana religión, sino también por todas las leyes, por toda bien establecida república. Esta segunda la aprueban y abrazan todos los sabios, todos los pueblos interesados por las cosas celestes y divinas. Aquélla es la más fraudulenta de todas las artes, ésta es la más alta y santa filosofía. Aquélla nula y vana, ésta firme, fiel y sólida. Aquélla, los que la cultivaron, siempre lo encubrieron, por ceder en ignominia y deshonra de su autor; de ésta derivó en la antigüedad, y casi siempre, gran lustre y gloria del saber; de aquélla nunca se ocupó el varón dado a la filosofía, ni el codicioso de iniciarse en buenas artes; para aprender ésta navegaron Pitágoras, Empédocles, Demócrito, Platón, la predicaron a su vuelta y la guardaron entre sus secretos como la más estimable. Aquélla, como no se prueba con argumentos ciertos, tampoco tiene seguros patronos; ésta honorable por los que llamaríamos sus ilustres progenitores, tiene como adalides principalmente a dos: Zamolxides, al que siguió Abbaris, el hiperbóreo, y Zoroastro, no el que quizá pensáis, sino el hijo aquél de Oromaso. Si preguntamos a Platón qué género de magia es el de ambos, nos responderá en el *Alcibíades* [36] que la magia de Zoroastro no es otra cosa que la ciencia de las cosas divinas, con la que los reyes persas educaban a sus hijos, a fin de que, con el ejemplo delante de la república del mundo físico, aprendieran a regir su propia república. Responderá en el *Cármides* [37] que la magia de Zamolxides es la medicina del

---

[36] *Alcibíades I*, 120 de ss.
[37] *Cármides*, 156.

alma, a saber, que por ella se proporciona al alma el equilibrio, como mediante aquella otra la salud al cuerpo. En las huellas de éstos se afirmaron después Caranda, Damigerón, Apolonio, Hostanes y Dárdano [38]. Las siguió Homero, del cual algún día demostraremos en nuestra *Teología poética* que, bajo capa de los viajes de su Ulises, encubrió, igual que las demás, también esta sabiduría. Las siguieron Eudoxo y Hermipo, las siguieron, puede decirse, todos los que se adentraron en los misterios pitagóricos y platónicos.

Entre los más recientes que hayan seguido su rastro por el olfato encuentro tres, Alkindi árabe, Rogerio Bacon y Guillermo Parisiense. La evoca también Plotino [39] cuando muestra que el mago es un servidor y no un artífice de la naturaleza; esta clase de magia la aprueba y confirma, varón sapientísimo, de tal manera detestador de la otra, que invitado a tomar parte en los misterios de los malos demonios, dijo que más justo sería que ellos vinieran a él que no él a ellos, y con razón. Porque así como aquélla hace al hombre atado y esclavo de los malignos poderes, ésta, a la inversa, le vuelve soberano y dueño de ellos. Aquélla, finalmente, no puede arrogarse el nombre de arte ni de ciencia; ésta, inmersa en misterios altísimos, abarca la contemplación profundísima de las cosas más secretas y, en conclusión, el conocimiento de toda la naturaleza. Esta, buceando a través de las fuerzas esparcidas por don gratuito de Dios, y las insertas a modo de semillas en el mundo, como sacándolas de los escondrijos a la luz, más que realizar milagros, sirve diligentemente a la naturaleza que los hace; entrando escrutadoramente en la armonía del

---

[38] *Tert. De anima*, 57 (*Patr. lat.*, 2.747). Figuran algunos de los nombres que recoge Pico; la otra fuente son las *Nat. Hist.*, de Plinio.

[39] *Enéada IV*, IV, 42-43.

universo, tan significativamente apellidado por los griegos συμπάϑειαν, y con un conocimiento perspicaz y respectivo de las diferentes naturalezas, para lo que pulsa arteramente los caprichos de cada una, lo que suele decirse los ἴυγγες sortilegios de los magos, saca afuera los milagros escondidos en los escondrijos del mundo, en el seno de la naturaleza, en las despensas y arcanos de Dios, como si ella fuera el Artífice; y a la manera como el labrador junta los olmos con las vides, así el mago casa el Cielo con la Tierra, es decir, lo inferior con las dotes y virtudes de lo superior. De lo cual resulta que todo lo que aquélla es de fantasiosa y nociva, ésta lo es de divina y saludable. Por esto principalmente, porque aquélla, haciendo esclavo al hombre de los enemigos de Dios, los aparta de Dios; ésta despierta admiración de la obra de Dios, que tiene como secuela certísima la rendida caridad, la fe y la esperanza. Pues nada contribuye más a la religión y a la adoración de Dios que la asidua contemplación de sus maravillas; pues cuando las hubiéremos explorado con esta magia natural de la que hablamos, espoleados más ardientemente a un gran amor del Artífice, nos veremos impulsados a cantar aquello de: «Llenos están los cielos, llena la tierra toda de la majestad de tu gloria» [40]. Y esto baste sobre la magia, de la cual hemos dicho todo esto porque sé que hay muchos que, igual que los canes ladran siempre a los extraños, éstos muchas veces condenan y detestan lo que ignoran.

[25] Vengo ahora a aquello que mencioné como deducido de los antiguos misterios de los hebreos para confirmar nuestra sacrosanta y católica fe, no sea que también para aquellos que

---

[40] *Isaías*, 6, 3.

lo ignoran, aparezcan ocurrencias lúdicas y fábulas de feria; quiero por ello que todos sepan qué y qué tales son esas cosas, de dónde se toman, por quiénes y cuán ilustres autores están respaldadas, y cuán asentadas, cuán divinas y cuán necesarias sean para servir de apoyo a nuestros hombres en la defensa de nuestra religión contra las importunas calumnias de los hebreos. No sólo celebrados doctores hebreos, también entre los nuestros, Esdras [41], Hilario, Orígenes, escriben que Moisés no sólo recibió de Dios en la montaña la ley que dejó a la posteridad redactada en cinco libros, sino además una más secreta y la verdadera explicación de la ley, y que le fue mandado por Dios que promulgase, sí, la ley ante el pueblo, pero que la interpretación de la ley no la pusiese por escrito ni la publicase, y que sólo a Jesús Nave, y éste a los principales de los sacerdotes que se sucedieran después, se' la revelase, con una sagrada obligación de silencio. Bastaba el simple relato de los hechos para dar a conocer, ya la omnipotencia de Dios, ya su cólera contra los malvados, su clemencia para los justos y para todos su justicia, y, por medio de divinos y saludables preceptos para el recto y dichoso vivir, establecer el culto de la verdadera religión. Pero revelar al pueblo llano los misterios más íntimos y los arcanos de la altísima Divinidad, latentes debajo de la corteza de la ley y en la tosca envoltura de las palabras, ¿qué otra cosa hubiera sido sino echar las cosas santas a los perros y arrojar las margaritas a los puercos? [42].

---

[41] Son cuatro los libros atribuidos a Esdras. Los dos primeros corresponden al Esdras y Nehemías del canon bíblico; el tercero es el llamado Esdras griego; el cuarto es un apócrifo de rasgos apocalípticos. En este Esdras IV se apoya excesivamente confiado Pico.

[42] *Math.*, 7, 6.

[26] Así pues, tener esto oculto al vulgo y comunicarlo sólo a los perfectos, entre los cuales únicamente dice Pablo [43] hablar él la sabiduría, no fue recomendación humana, sino precepto divino. Esta costumbre la guardaron religiosísimamente los antiguos filósofos; Pitágoras nada escribió, salvo unas cosillas que legó al morir a su hija Damo; las esfinges esculpidas en los templos egipcios advertían de esto, que las enseñanzas secretas se guardaran invioladas de la profana multitud mediante los nudos de los enigmas. Platón, escribiendo a Dionisio [44] algo sobre las sustancias supremas, dice que «se ha de expresar por medio de enigmas, no sea que, si por fortuna cayera la carta en manos extrañas, otros entiendan lo que te escribimos». Aristóteles decía que los libros de la *Metafísica*, en que habla de cosas divinas, estaban publicados y no publicados. ¿Qué más? Orígenes afirma que Jesucristo, maestro de vida, reveló muchas cosas a los discípulos, que ellos no quisieron escribir por no hacerlas accesibles y comunes al vulgo. Lo corrobora entre todos Dionisio Areopagita, quien dice que los más secretos misterios fueron trasmitidos por los autores de nuestra religión ἐκ νοῦ εἰς νοῦν διὰ μέσου λόγον, de mente a mente sin escritura, por mediación de la palabra. Cuando exactamente del mismo modo, por mandato de Dios, se había de revelar aquella auténtica interpretación de la ley confiada por modo divino a Moisés, se llamó a eso Cábala, que para los hebreos es lo mismo que para nosotros recepción. Por esto justamente, porque aquella doctrina no había de ser trasmitida por documentos escritos, sino pasando de uno a otro, como por cierto de-

[43] *I Cor.*, 2, 6.
[44] *Carta II*, 312 d e.

recho hereditario, a través de la serie regular de las sucesivas revelaciones.

[27] Pero cuando una vez vueltos los hebreos de la cautividad de Babilonia por obra de Ciro, y restaurado el Templo bajo Zorobabel, se aplicaron a restablecer la ley, Esdras [45], al frente entonces de la asamblea, una vez corregido el libro de Moisés, comprendiendo claramente que, en razón de los destierros, matanzas, huidas, cautiverio del pueblo de Israel, no era posible conservar la costumbre establecida por los antepasados de trasmitir la doctrina de mano en mano, y que llegaría el tiempo en que se perderían los secretos de la celeste doctrina divinamente a él confiada, cuya memoria no podría durar mucho, faltando las glosas, determinó que, reunidos los sabios que aún quedaban, pusiese cada uno en común lo que recordase de memoria tocante a los secretos de la ley, y que, bajo la fe de escribanos, se redactase todo ello en setenta volúmenes (a tenor del número usual de los sabios del Sanedrín). No me creáis a mí solo en esto, Padres. Oíd a Esdras mismo que habla así: «Pasados cuarenta días, habló el Altísimo diciendo: Lo que escribiste primero hazlo público, que lo lean los dignos y los indignos, pero los últimos setenta libros los conservarás para entregarlos a los sabios de tu pueblo. Pues en éstos está la vena del intelecto, la fuente de la sabiduría y el río de la ciencia. Y así lo hice.» Así Esdras al pie de la letra. Estos son los libros de la ciencia de la Cábala. Esdras comenzó diciendo con perceptible voz que en los libros se encerraban la vena del intelecto, a saber, la inefable Teología de la superesencial Deidad, la fuente de la sabiduría, a saber,

---

[45] Ver antes nota 41.

la rigurosa Metafísica de las formas inteligibles y angélicas, y el río de la ciencia, a saber, la solidísima Filosofía de las cosas naturales.

[28] Estos libros Sixto cuarto, Pontífice Máximo, que precedió inmediatamente al felizmente reinante Inocencio octavo, procuró con todo cuidado y empeño que se publicasen en lengua latina para pública utilidad de nuestra fe. Y cuando él murió, tres de ellos estaban ya a disposición de los latinos. Estos libros son tenidos hoy en tanto respeto por los hebreos que nadie por debajo de los cuarenta años es autorizado a tocarlos. Habiéndomelos yo procurado, con no pequeño gasto, y habiéndolos leído con suma diligencia, sin reparar en fatigas, descubrí en ellos (Dios me es testigo), no tanto la religión de Moisés, cuanto la de Cristo. Allí el misterio de la Trinidad, allí la Encarnación del Verbo, allí la divinidad del Mesías; sobre el pecado original, sobre la reparación de él por Cristo, sobre la Jerusalén celestial, sobre la caída de los demonios, sobre los coros de los ángeles, sobre el Purgatorio y sobre las penas del infierno, cosas leí iguales a las que a diario leemos en Pablo y en Dionisio, en Jerónimo y en Agustín. Y en lo que atañe a la Filosofía, estaréis oyendo ni más ni menos a Pitágoras y a Platón, cuyas doctrinas tan afines son a la fe cristiana, que nuestro Agustín no se cansaba de dar gracias a Dios por haber venido a sus manos los libros de los platónicos. En conclusión, apenas hay tema de controversia entre nosotros y los hebreos, en que no se les pueda retorcer el argumento y convencerles a base de estos libros de los cabalistas, de modo que no quede rincón alguno donde se parapeten. Para lo cual me apoyo en el testimonio fundadísimo de Antonio Crónico, varón eruditísimo, el cual, estando yo

en su casa en un banquete, oyó con sus propios oídos a Dáctilo, hebreo perito en esta ciencia, terminar entregado de pies y manos coincidiendo con la doctrina cristiana de la Trinidad.

[29] Pero volviendo a la reseña de los principales capítulos de mi Disputa, pusimos nuestra propia manera de interpretar los himnos de Orfeo y de Zoroastro. Orfeo entre los griegos se lee casi entero, Zoroastro entre ellos, mutilado, entre los Caldeos más completo. A ambos tengo por padres y fundadores de la sabiduría antigua. Pues, callando de Zoroastro, cuya mención nunca ocurre en los platónicos sin suma veneración, escribe Jámblico calcidio que Pitágoras tuvo la teología órfica por modelo y, a tenor de ella, plasmó y conformó su filosofía. Y no por otra razón miran como sagrados los dichos de Pitágoras, sino porque derivaron de las tradiciones órficas; de allí la doctrina oculta de los números; y cuanto de grave y sublime tuvo la filosofía griega, de allí fluyó como de su primer manantial. Mas conforme al uso de los antiguos teólogos, también Orfeo entretejió los secretos de sus doctrinas con aderezos de fantasía y los encubrió con ropaje poético, con el fin de que quien leyere sus himnos pensase que contienen sólo cuentecillos de fábula y purísimas chanzas. Lo que quiero quede dicho para que se aprecie bien cuánto trabajo, cuánta dificultad me supuso el sacar de las envolturas de los enigmas, de los escondrijos de las fábulas, los ocultos sentidos de una filosofía arcana, sobre todo, en cosa tan grave, tan escondida y tan inexplorada, sin ayuda alguna de la labor y diligencia de otros intérpretes. Y, sin embargo, me ladraron esos mis perros, achacándome el amontonar cosas minúsculas y sin fuste, sólo para pomposidad del número,

como si no hubiera traído a cuento todas las más enredosas y controvertidas cuestiones, sobre las que se pelean las principales Academias, como si no hubiera introducido multitud de cosas completamente desconocidas e intocadas por aquéllos que me impugnan y se tienen por filósofos consumados. Más diré: estoy tan lejos de ese reproche que he procurado contraer cuanto pude el número de capítulos de la Disputa. Que si hubiera querido (como otros hacen) partirla en sus miembros y desmenuzarla, hubiera alargado el número hasta lo innumerable. Y para omitir los otros, ¿quién hay que no sepa que un solo tema de los novecientos, el de conciliar las filosofías de Platón y Aristóteles, podría, sin sospecha de empeño en la numerosidad, haber sido diluido en otros seiscientos, por no decir aún más, con sólo reseñar uno por uno todos los lugares en los que piensan otros que disienten, y yo juzgo que concuerdan? Y todavía (lo diré, aunque ni con modestia ni según mi estilo) lo diré, sin embargo, pues me fuerzan a ello los malévolos, quise con este certamen mío dar fe, no tanto de que es mucho lo que sé, cuanto de que sé lo que muchos no saben.

[31] Y para que esto salga ya a luz, Padres honradísimos, para que vuestro deseo, doctores excelentísimos, a los que, no sin gran complacencia, veo preparados y ceñidos esperando el combate, no lo demore más mi Oración, augurándolo feliz y fausto, como al son de trompa de guerra que nos llama, vengamos ya a las manos.

FIN DE LA ORACIÓN DE JUAN PICO
DE LA MIRANDOLA SOBRE LA DIGNIDAD
DEL HOMBRE

CARTA DE JUAN PICO DE LA MIRANDOLA A HERMOLAO BARBARO

Juan Pico de la Mirándola a Hermolao Bárbaro. Salud.

No puedo, Hermolao mío, ni callar lo que de ti siento, ni dejar de sentir lo que es debido sobre aquél en el que todo lo altísimo y sumo se encuentra. Y ojalá hubiera en mí aquella potencia de mente para sentir de ti al par de tus méritos, aquel vigor del decir apto para expresar alguna vez lo que siempre siento. Sé que lo que de ti concibo está infinitamente por debajo de lo que se encumbra el edificio de tu saber. Sepas que cuanto hablamos queda muy por detrás de lo que pensamos, y que tanto faltan palabras a mi alma como alma falta a las cosas. Y, sin embargo, me conoces tan atrevido que espere igualar lo tuyo, cuya grandeza no soy siquiera capaz de medir. Admirarte pueden todos, imitarte tan pocos como ninguno reprenderte. Y ojalá me sea dada aquella dicha de que lo que escriba, en alguna medida, evoque a mi Hermolao. Porque, para callar otras cosas, tu estilo, al que tan poco favor haces, es admirable lo que me impresiona, lo que me deleita; tan docto, tan grave, tan compuesto, tan erudito, tan acicalado, tan lleno de ingenio. En el cual nada hay descuidado, nada trivial, ya consideres las palabras, ya los pensamientos. Con frecuencia leemos, yo y nuestro Policiano, todas tus cartas llegadas a nuestras manos, ya las escritas a nosotros, ya las escritas a otros; de tal modo rivalizan las cosas primero dichas con las que vienen después, de tal manera florecen en la lectura con facundia las gracias, que apenas si nos queda entre nuestra casi continua exclamación lugar para el resuello. Pero admirable de decir es la fuerza que tienes para persuadir, y cómo te las arreglas para llevar el ánimo del que te lee allí donde quieras. Lo he experimentado, ya siempre, pero más en tu última epístola a mí, en la que, arremetiendo contra los bárbaros filósofos, los pones, en el aprecio del vulgo, de sórdidos, rudos, incultos, que ni viven en vida ni después de muertos viven; y si ahora viven es para pena y escarnio. Tanto me turbó, tal vergüenza me dio, tanto me pesó de mis estudios, ya llevo seis años andando con ellos, que nada querría menos que el haber desperdiciado tanto trabajo en cosa tan sin sustancia, haber perdido, digo, mis mejores años andando con Tomás, con Juan Escoto, con Alberto, con Averroes, haber malgastado tantas vigilias con las que, en el mundo de las bellas letras, podría quizá ahora ser algo. Pensaba para consolarme si algunos de aquéllos ahora resucitasen, si tendrían algo con que, hombres curtidos en la contienda, defender su causa echando mano de algunas razones. A la postre me ocurrió que cualquiera de ellos algo más locuaz se aprestaría a defender su barbarie del modo menos bárbaro a él posible, de esta o parecida manera.

Fuimos en vida famosos, ¡oh Hermolao!, y vivimos después no en las escuelas de los gramáticos ni en las aulas de los retóricos y pedagogos, sino en los círculos de los filósofos, en las asambleas de los sabios, donde no se habla de la madre de Andrómaco, ni de los hijos de Niobe, ni de fruslerías por el estilo, sino donde se trata y se disputa de las cosas humanas y divinas.

En el meditar, inquirir y desentrañar esos asuntos fuimos tan sutiles, agudos y rigurosos, que acaso hayamos parecido a veces angustiosos en extremo, si es que moroso y caviloso se puede ser en demasía tratándose de indagar la verdad; y si en esto alguien nos recrimina de idiotez o torpeza, le rogaré, quienquiea que sea, que detenga su paso y verá que aquellos bárbaros tuvieron a Mercurio no en la lengua, sino en el corazón, que no les faltó sabiduría si les faltó elocuencia; tanto quizá se aleja de culpa el no juntar ambas, como el juntarlas puede ser crimen. ¿Quién no condenará y detestará en efecto, los zarcillos y el aderezo de ramera en una honesta doncella? Tanta es la contrariedad entre el oficio de filósofo y del retórico que no pueda ser mayor. Pues ¿cuál es el oficio del retórico sino mentir, engañar, acorralar, embaucar? Es vuestro, decís vosotros mismos, poder a voluntad cambiar con la palabra lo negro en blanco, lo blanco en negro, poder, según se quiera, quitar, tirar, agrandar, achicar, por medio de la fuerza casi mágica de la elocuencia (os preciáis de ello) trasfigurar las cosas mismas, poniéndoles el rostro que os venga en gana, de modo que, si no hacéis que sean lo que no son de su propia condición, al menos aparezcan tal como queréis al que os escucha. Todo esto ¿es otra cosa que pura mentira, mera impostura y simple embaucamiento? Siempre a espaldas de la realidad, saliéndose de ella por más o cortándola por menos, jugando con los ánimos de los oyentes, halagando sus oídos con cantos falaces y envolviéndolos en redes de engaños y fantasmagorías. ¿Es que va a haber hermandad de éste con el filósofo, cuyo empeño todo está en conocer y demostrar la verdad a los demás? Junta a ello que nosotros no pondremos fe alguna en los que afectan las exquisiteces y las galanuras de las palabras, como si fiáramos menos de las cosas mismas y, no haciéndonos fuertes en lo verdadero, buscáramos más bien arrastrar a los hombres con estos halagos.

Vale para esto leer los libros sagrados más tosca que elegantemente escritos, y ver que nada hay más impropio y nocivo en cualquier materia, donde de conocer la verdad se trata, que todo este género refinado de hablar. Quédese esto para los asuntos del foro y de la plaza, no para las cuestiones naturales y celestes. No es propio de los que andamos por la Academia, sino de los que se mueven dentro de la República aquella, en la que cuanto se dice y hace se lleva a refrendo popular, donde las flores tienen más peso que los frutos. ¿No sabes aquello de: «No a todos les cae bien el mismo aire»? Elegante cosa es (lo confesamos) la abundancia de verbo llena de atractivo y deleite, pero en el filósofo no es ni hermosa ni agradable. ¿Quién va a condenar en el histrión el paso muelle, las manos vivaces, los ojos lúbricos? ¿Quién no lo reprenderá y abominará en el ciudadano, en el filósofo? Si a la muchacha la vemos graciosa de meneos, dicharachera, la alabamos, se nos van los besos; en una grave matrona lo condenamos, lo perseguimos. No nosotros, sino ellos, los estúpidos, los que a los pies de Vesta festejan bacanales, los que afean la gravedad y la casta verdad de las cosas de la filosofía con juergas y tramoyas de feria. Vale decir de este modo de discursos lo que Sinesio dice del mocito afeminado, con su melena siempre ungida de molicie. Nosotros preferimos la nuestra (oración) hirsuta, suelta de pelo, fofa, desaliñada, más que bellamente peinada, con la nota o sospecha de insinceridad.

Y para que no quede nada por decir, esto es verdaderísimo, que nada hay más impropio del oficio del filósofo, en cualquier asunto, que lo que de algún modo sabe a lujo o a fausto. Los zapatos sicionios valen y se adaptan al pie, decía Sócrates, pero no se adaptan a Sócrates. No es la misma ley de vestir la del civil y la del filósofo; como tampoco la de la mesa ni la del hablar. Usa de ellas el filósofo por sola necesidad; usa de ellas el civil aun para solaz. Si el civil las usa descuidadamente, no es civil; si se apega a ellas no será aquél filósofo. Si pudiera Pitágoras vivir sin comer, aun de las verduras se abstendría. Si con sólo su rostro, o al menos con menos que una conversación pudiera expresar sus pensamientos, omitiría el mismo hablar; tan lejos está de cuidarse, de pulir y adornar el lenguaje. Lo que nos pone en guardia para que el lector no se quede en la lengua engolosinado por la piel redomada y no penetre hasta la médula y la sangre, la que muchas veces vimos asomar manchada bajo un rostro maquillado. Vimos, quiero decir, en todo esto a muchos que ya se acostumbraron a detener al lector en esta primera fachada con tonos musicales variados, cuando por dentro y por detrás nada hay que no sea vano y huero. Que si hace esto el filósofo, clamará Musonio que no es allí el filósofo el que habla, sino la trompeta que suena. No se nos achaque, pues, como vicio el no haber hecho lo que es vicio hacer. Miramos lo que vamos a decir, no cómo lo vamos a decir, más aún, miramos el cómo, a saber, que sea sin floreo ni pompa de palabras, no que nuestra oración sea placentera, bella y airosa, sino útil, ponderada y respetable, que alcance la majestad por el temor antes que la gracia por la blandura; no esperamos el aplauso del teatro, atusando los oídos con frases cortadas con justeza cadenciosa, esto va falso, aquello gracioso, sino buscamos más el silencio de pocos, por la admiración, al penetrar en algún punto, ya deducido de los misterios de la naturaleza, ya traído a los hombres desde el alcázar del cielo; o bien algo tan evidenciado que no necesite defenderse, tan defendido que no deje lugar a la impugnación.

Admírennos a nosotros, sagaces en inquirir, circunspectos en el explorar, sutiles en el contemplar, graves en el señalar, comprometidos en el atar, diestros en desatar. Admiren en nosotros la concisión de estilo henchida de muchas y grandes cosas, bajo atinadas palabras, en trascendentalísimas proposiciones llenas de problemas, llenas de soluciones. Lo capaces que somos, lo adiestrados para eliminar ambigüedades, disolver objeciones, desenredar lo implicado, abatir lo falso y confirmar lo verdadero con elásticos silogismos. Con estos títulos, ¡oh Hermolao!, salvaremos nuestra memoria del olvido para la hora presente y no dudamos de que también de ahora en adelante; que si dices que para el vulgar pasamos por sórdidos, rudos, incultos, esto cede más en nuestra gloria que en nuestro deshonor; no escribimos para el vulgo, sino para ti y para los semejantes a ti. No de otro modo que los mayores nuestros antepasados, que con sus ropajes de enigma y de fábula alejaban a los hombres idiotas de los misterios, también nosotros tomamos la costumbre de espantarlos de nuestros manjares, que no harían más que emporcar, con la corteza un poco amarga de nuestro lenguaje. Que también los que quieren ocultar sus tesoros, si no los pueden apartar lejos, suelen taparlos con barreduras y cascotes, para que los que pasan al lado no los descubran, si no son aquéllos solos que se hubieren hecho dignos de tal favor. Similar empeño de los filósofos en celar sus cosas al pueblo, del cual no sólo no pueden esperar que los apruebe, pero ni que los entienda, y tampoco por ello es razonable que las cosas que escriben tengan algo de teatral, bueno para el aplauso, de eco popular, que en una palabra parezca que buscan acomodarse al sabor de la multitud.

Pero quieres que te aclare la idea de nuestro alegato. Es la mismísima que la de los silenos de nuestro Alcibíades; sus estatuas presentaban un rostro horripilante, triste y vil, pero dentro estaban llenas de joyas, de recamados y raros vestidos. Por eso si de fuera lo miras, verás una fiera, si por dentro, un numen. Pero dirás: no lo sufren las orejas, la construcción ahora áspera, ahora rajada, siempre horrísona; no sufren los nombres bárbaros que sólo de nombrarlos infunden terror. ¡Oh mi delicado! Cuando vas a los flautistas, a los citaristas, concéntrate en los oídos, cuando vas a los filósofos, deja a un lado los sentidos, vuelve dentro de ti mismo, a los secretos recintos de tu alma, a los rincones apartados de tu mente, cógete allí las orejas de Tianeo, con las que, fuera totalmente del cuerpo, percibía, no la terrestre Marsia, sino al celeste Apolo ordenando con inefables modulaciones de su cítara divina las armonías del universo. Si preguntas así, con tales oídos, las palabras de los filósofos te sabrán a miel, bien que le pese a Néstor. Pero bajemos un poco de estas alturas. Cierto, asquearse de que un pesado filósofo, disputando sutilísimamente, hable con una elocución desmelenada, no es cosa de un estómago delicado, sino insolente.

No de otro modo que si a alguien oyendo a Sócrates disertar sobre las costumbres, le disgusa el calzado mal ajustado, o la toga caída, o las uñas mal cortadas. No quiere Tulio la elocuencia en el filósofo, sino que dé razón de las cosas y de la doctrina. Hombre prudente y erudito sabía que lo nuestro es ajustar la mente más que el estilo, cuidar de que no se extravíe la razón, más que de que no se tuerza el discurso, que nos incumbe a nosotros ἐν διαϑέσει λόγον no nos incumbe ποιεῖν ἐν προφορᾷ, que es honor en nosotros tener la Musa en la mente, no en los labios, para que en el alma, ni por la ira suene algo más aspero, ni por la condescendencia más flojo, para que, finalmente, no haya una armonía disonante de la genuina, de la que se produce con templanza y modo. Que al ver Platón que tal armonía se destruía muchas veces en su República por la teatralidad y fantasía de los poetas, los expulsó a todos y confió a los filósofos el oficio de gobernar, y luego, si por afán de discursear, imitaban éstos a los poetas, mandaba a los mismos filósofos al destierro.

Pero instará Lucrecio, si no necesitan los discursos filosóficos de la amenidad del estilo, valdría al menos para disimular la misma sequedad de las cuestiones. Así como el ajenjo vale para expeler las enfermedades, pero se unta con miel para engañar a la irreflexiva edad de los niños. Si quieres escribir tus cosas a los niños, o al vulgo, claro que te las has de ingeniar, que no ya ajenjo, sino puro veneno les propinarías. Muy de otro modo nosotros, que no tratamos de amamantar al vulgo, sino de espantarle, y no propinamos horrible ajenjo, sino dulce néctar.

Insistirá Lactancio objetando que es cosa averiguada que impresiona más al ánimo de los oyentes la verdad de los ancianos si está bien trabada en sí misma y al mismo tiempo se la adorna con el brillo de la dicción. Si estuvieses, o Firmiano, tan familiarizado con los libros sagrados como con los mentidos pleitos, no dirías esto, y más bien te pondrías por ventura a defender lo nuestro que a impugnar lo ajeno. Dime, te ruego, qué cosa mueve y persuade con más fuerza que la lectura de las sagradas letras; no mueven, no persuaden, sino que fuerzan, sacuden, se imponen. Pues bien, las palabras de la Ley (Escritura) son toscas y rústicas, pero vivas, animadas, ardientes, de filo cortante, penetrantes hasta lo íntimo del ánimo, trasformadoras de la totalidad del hombre con un poder admirable. Nos decía Alcibíades que no le emocionaban los discursos bien trabajados y opulentos de Pericles, pero sí las palabras desnudas y simples de Sócrates. Añade que, aun siendo chabacanas, se sentía arrebatado por un entusiasmo, le sacaban fuera de sí, y quieras que no, había de hacer lo que prescribían. Pero ¿por qué gasto palabras en lo que ya se me concede? Si no se desengaña el oyente de un discurso engañoso, ¿qué le aguarda sino riesgos? Se convencerá principalmente con tres cosas: la vida del orador, la verdad de la cosa, la sobriedad del discurso. Estas son, Lactancio, las cosas que acreditarán al filósofo; si fuere bueno, si veraz, si aplicado a un género de decir tal que no fluya el estilo del jardín de las Musas, sino del tenebroso antro en el que dijo Heráclito esconderse la verdad.

Añade alguien: Ea, amigo, veamos esto sin ánimo de disputa. Cosa de gran respeto y divina es la sabiduría, y no pide más ornato de fuera. ¿Pero qué mal en que la acompañe? ¿Quién negará que lo que se dice, si se dice con elegancia gana en aprecio? Yo, amigo, lo niego para muchas cosas. Porque hay muchas cuyo esplendor, si añades algo, lo amenguas en vez de aumentarlo; tan en su buen estado se encuentran por su natural que, si algo mudas allí, será en peor. Una casa toda de mármol no admite pintura, si echas encima el enlucido, robas señorío y belleza. No de otra forma la sabiduría y las cosas que tratan los filósofos, con velos y añadidos no se esclarecen, sino se oscurecen. ¿Qué más? ¿No es cosa averiguada que con el albayalde se estropean las bellas figuras? Hablando en general, lo que añadas para embellecer, tapa lo que allí hay; deja que muestre por sí lo que de sí tiene. Por tanto, si lo que había primero sobrepuja a lo que después adviene, sea lo que sea, pérdida traería, no ganancia. Por eso la filosofía se ofrece desnuda, transparente por doquier, toda a la vista, se apresta a ser juzgada, sabe que por dondequiera se la contemple o tome agrada. Cuanto de ella arranques, tanto arrancas de su figura, tanto mermas de su gloria; sincera y pura se quiere sin mezcla de extraño; lo que amalgames la afea, la adultera, la tornas otra de lo que ella es, ella que consiste en un algo indivisible e indiviso. Así, ni jugar con tropos, ni con palabras excesivas hinchar, ni con traslaticias holgarse, ni con rebuscadas propasarse en cosa tan seria, de tanta responsabilidad, en la que quitar, poner, mudar algo es un atentado.

Pero dirás, todo concedido, que no sea vuestro el ornato en decir, pero sí es vuestro algo en lo que no os señaláis, a saber, que al menos habléis en latín, si no florido, al menos, con sus propias palabras; no os exijo un discurso peinado, pero tampoco sórdido, no lo quiero untuoso, pero tampoco erizado, no sea escogido, pero tampoco descuidado, no decimos que deleite, nos quejamos de que repela. Bien está; ya te pasas a nosotros, pero me agradará que nos pongamos de acuerdo para ver qué clase de latinidad es la que dices cumple a los filósofos emplear, y la que según tú, nosotros no empleamos. Si ocurre, «verbi gratia», decir que el hombre es producido (produci) por el sol, los nuestros dicen que es causado (causari) por el sol. Clamas que esto así no es latín, que hasta ahora no se ha hallado que sea romanamente dicho. Pero esto se pasa de verdadero, no es, pues, buen argumento. Dirá el árabe la misma cosa, la dirá el egipcio; no lo dirán en latín, pero lo dirán correctamente. Los nombres de las cosas o se ponen arbitrariamente o por su naturaleza. Si al acaso, es decir, por convenir muchos en la misma decisión, con la que sancionan que tal cosa se llame con tal nombre, en su derecho estarán de llamarlo así. ¿Quién quita a estos filósofos, que apellidáis bárbaros, el que convengan en una manera de decir, no menos respetable y santa entre nosotros que entre vosotros la romana? Ninguna razón para que a aquélla no la tengáis por recta, la vuestra sí. Si esa imposición de nombres es toda ella arbitraria, y no queréis honrar aquélla con el nombre de romana, llamadla gala, británica, hispana, o, como el vulgo acostumbra a decir, parisiense. Cuando os hablan, les ocurrirá ser muchos tomados a risa, no ser entendidos muchas veces; pero igual os ocurrirá a vosotros cuando les habláis a ellos; Anakarsis «soleciza» entre los atenienses, los atenienses entre los escitas. Pero si la propiedad de los nombres depende de la naturaleza de las cosas, ¿habremos de consultar sobre esta propiedad a los rétores o no más bien a los filósofos, los únicos que tienen explorada e investigada la naturaleza de todas las cosas? Puede ser que los que los oídos rechacen como sonido áspero lo acepte la razón como más allegado a la realidad.

Pero ¿por qué tuvieron que innovar la lengua y, si habían nacido entre los latinos, por qué no hablar latín? No podían ellos, ¡oh Hermolao!, cuando leían en el firmamento las leyes de los hados, el orden del universo, cuando leían en los elementos los ciclos del nacer y del morir, las fuerzas de los simples, las aleaciones de los mixtos; no podían, digo, al mismo tiempo, estar en Cicerón, en Plinio, en Apuleyo y atender a las propiedades de la lengua romana, estaban a la mira de qué es lo recibido y qué lo rechazado por la naturaleza; qué caía bien a los romanos les traía entonces sin cuidado.

Pero veamos, ya te pongo en ventaja y te concedo que elocuencia y sabiduría van a una con un engarce mutuo. Y resulta que los filósofos desengancharon la sabiduría de la elocuencia, los historiadores, los retóricos, los poetas (lo que lamenta Filóstrato) la elocuencia de la sabiduría; no dudas en darles a éstos la victoria, con fama imperecedera, a aquéllos los condenas sin remedio a pena y vilipendio; mira bien por dónde tiras. Porque Cicerón prefiere una intonsa prudencia a una necia locuacidad. No buscamos en el dinero cómo suena la moneda, sino de qué metal es. Ni hay quien no prefiera el oro puro acuñado por el teutón al falso marcado con el sello romano. Pecan los que meten cizaña entre el corazón y la lengua, pero los que todo se les va en la lengua sin corazón alguno, ¿no son, en dicho de Catón, gloriosas mortajas? Sin lengua podemos vivir, acaso no cómodamente, pero sin corazón de ningún modo. No muestra humanidad el que atropella el buen estilo, pero no es hombre el que está limpio de filosofía. Todavía aprovecha una sabiduría pobrísima de voz, pero una insipiente elocuencia (como espada en manos de loco) no puede no hacer grandísimo daño.

Entonces, me dirás, si a la estatua la apreciamos por la materia y no por la forma, resultará que si un Querilo hubiera cantado las mismas cosas que Homero y un Mevio las mismas que Virgilio, habrían de tener el mismo puesto entre los poetas que éstos. Ves bien la disparidad. También nosotros afirmamos eso, que la cosa se estima por la forma, no por la materia que subyace. Porque allí lo que es la cosa lo es por la apariencia y figura. Pero una es la forma con la que se entra en el gremio de los filósofos, otra con la que uno es recibido entre los poetas. Escriba Lucrecio sobre la naturaleza, sobre Dios, sobre la providencia; escriba sobre las mismas cosas uno de los nuestros; escriba, por ejemplo, Juan Escoto, y acaso lo haga en verso para que salga peor. Dirá Lucrecio que los átomos y el vacío son los principios de todas las cosas, que Dios es corpóreo, ignorante de nuestros aconteceres, que todo es llevado al azar por el fortuito entrechoque de los corpúsculos, pero lo dirá en latín y con elegancia. Dirá Juan que las cosas que hay en la naturaleza se componen de materia y forma, dirá que Dios es una mente separada conocedora de todo, providente, universal, que ni por ver y gobernar todo hasta lo ínfimo se altera en lo más mínimo en su tranquila inmovilidad, sino que, como se suele decir, «moviendo no se mueven». Pero lo dirá sin gracia, toscamente, con palabras que ni siquiera son latinas. Pregunto, ¿a quién le vendrá la duda de quién vale más, si el poeta o el filósofo? Está fuera de toda controversia que el Escoto filosofa más acertadamente y aquél más elegantemente. Pero mira en qué está la diferencia, en éste un hablar insulso, en aquél una mente desvariada; éste desconoce las leyes de los gramáticos (no digamos ya de los poetas), aquél las de Dios y de la naturaleza; éste, balbuciendo apenas, piensa aquello que no hay palabras para encomiarlo, aquél, hablando elocuentísimamente, profiere cosas impías.

Estas cosas, Hermolao queridísimo, aducirán acaso en defensa de su barbarie, y no es imposible que otras mucho mejores con su agudeza. A cuyo parecer ni yo me pliego totalmente, ni creo que ningún espíritu limpio y liberal se haya de acomodar sin más. Pero me ejercité de grado en esta materia de mal cariz, como los que alaban la cuartana, ya para poner a prueba mi ingenio, ya con aquella intención que refleja Glaucón en Platón al alabar la injusticia, no porque esté convencido, sino por arrancar de Sócrates las excelencias de la justicia. Así yo, para hacerte salir a la defensa de la elocuencia, arremetí contra ella más de la cuenta, contrariando algo mi sentir y mi natural; que si yo pensara que habían de despreciarla o postergarla los bárbaros, no me hubiera pasado en cuerpo y alma a ésta, como hice ha poco, digo, a las letras griegas, a tu nunca bastante alabado Temistio. Aunque diré con libertad lo que siento, me revuelven el estómago ciertos gramáticos que, no bien han encontrado un par de etimologías verbales, de tal modo alardean, lo trompetean, lo pasean jactanciosos, que en modo alguno muestran intención de ser tenidos por filósofos. No queremos, dicen, vuestras filosofías; ¿qué de extraño? Tampoco los perros el falerno. Pero cerremos con este broche nuestra carta. Si algún nombre y fama se labraron los bárbaros con sola su ciencia de las cosas, no será fácil decir qué lugar, qué cúmulo de alabanzas te hayas granjeado para ti, que eres, entre los filósofos, elocuentísimo, y entre los elocuentes, lo diré en griego, «philosophótatos», superlativamente filósofo.

Florencia, 5 de junio de 1485

Apéndice II
DEL ENTE Y EL UNO

A Angelo Poliziano

Me hablabas hace unos días de lo que sobre el Ente y el Uno trató contigo Lorenzo de Médici, cuando apoyado en argumentos de Platón, disputaba contra Aristóteles, cuya *Etica* explicas tú públicamente este año; varón él de ingenio eficaz y multiforme, que parece vale para todo, en el que es para mí de particular admiración el que ocupadísimo como está siempre con los asuntos de la república, sobre letras tiene siempre algo que decir o meditar. Y como los que piensan que Aristóteles disiente de Platón disienten igualmente de mí, que me empleo en dar una filosofía que concuerda a los dos, me rogabas te dijera cómo se defiende en aquel tema a Aristóteles, y cómo concuerda con su maestro Platón. Dije entonces lo que me vino a la mente, más bien en confirmación de lo que tú respondiste en la disputa que aduciendo algo nuevo. Pero se ve que no te basta. Me pides ahora que, aunque voy a escribir más detenidamente en la *Platonis Aristotelisque Concordia* que ahora estoy dando a luz, toque en un breve comentario aquello que entonces hablé libremente sobre esta cuestión, estando presente, creo, Domingo Benivieni, por su

159

doctrina y por su honradez queridísimo para nosotros dos. ¿Qué puedo negarte yo a ti? En cuestión de letras, sobre todo, compañero, diría, inseparable. Séame lícito excusarme de las exigencias de un estilo más acicalado si uso a ratos de algunas expresiones que no han obtenido carta de naturaleza latina. Bien que la misma novedad de los temas, y la casi necesidad lo lleva consigo, y no busques el halago de un estilo más elegante. Como dice nuestro Manlio, la cosa misma excluye el ornato, contenta con mostrarse. Fueron, pues, estas cosas, si mal no recuerdo, las que dieron tema a nuestro diálogo.

CAP. I: *Los platónicos afirmaron que el Uno precede al Ente.*

Aristóteles dice en muchos pasajes que se corresponden entre sí y cubren el mismo espacio el Uno y el Ente (también lo verdadero y lo bueno, pero de esto más adelante). Contradice la Academia y quiere que el Uno sea antes que el Ente, pero cuando dicen antes quieren significar más simple y más común. Por lo cual, aun de Dios (suma simplicidad) dicen ciertamente que es Uno, pero que no es Ente, y dentro del ámbito del Uno ponen también a la materia prima de todo, es decir, aquella materia tosca e informe que, sin embargo (según quieren), está fuera de los límites del Ente. Y aducen aquello de que no es lo mismo lo que se opone al Uno que lo que se opone al Ente; al Ente se opone la nada, al Uno la multitud; por la misma ley, pues, por la que cosas que se oponen se conciben como dos, habrá

160

que decir que el Ente y el Uno no son convertibles ni se corresponden entre sí.

CAP. II: *En parte alguna sugiere Platón que el Uno es superior al Ente, sino más bien que son iguales.*

Se apoyan en estas razones. Antes, empero, que las discutamos y refutemos, será bien poner en claro lo que Platón en esta cuestión expresamente ha enseñado. En dos lugares veo que habló Platón del Ente y del Uno, en el *Parménides* y en el *Sofista*. Sostienen los académicos que en uno y otro pone Platón el Uno por encima del Ente.

Mas yo, primeramente, sobre el *Parménides*, diré que ni en todo el diálogo se afirma algo en este sentido, ni, si acaso algo mínimo se afirma, nada claro hay en ello de donde saquemos asignar a Platón una tal doctrina. Ciertamente no se ha de poner el diálogo entre los dogmáticos, cuando todo él transcurre como un cierto ejercicio dialéctico. Tan lejos están las palabras del diálogo de combatir nuestra opinión, que no hay interpretaciones más arbitrarias y violentas que las que aducen aquéllos que pusieron otro sentido en el *Parménides* de Platón. Pero dejemos a los exégetas todos. Miremos la marcha del diálogo, qué lo inicia, a dónde se encamina, qué promete, qué concluye.

Las cosas son así. Una vez que Sócrates, dejando la cuestión suscitada de si todo es uno o es muchas cosas, deriva al tema de las ideas y Parménides plantea muchas preguntas sobre ellas, responde Parménides que le place aquel ímpetu y aquella tendencia del alma a esclarecer tales cosas altísimas: «Recógete, dijo, en ti mismo y, mientras eres joven, ejercítate más asiduamente en aquella facultad que a muchos les parece inútil, por lo que la tachan de juego y charlatanería, se te escapará de otro modo la verdad.» Claro es para cualquiera, y se evidencia por lo que sigue, que por tales palabras entiende aquél la dialéctica. Cuando después Sócrates pregunta a Parménides: «¿Qué género de ejercicio es éste, Parménides?», responde primero que es el que había oído a Zenón, y luego, más en particular, dando doctrina sobre esto, advierte que se mire bien no sólo lo que se sigue de que una cosa sea, sino también lo que se sigue de que no sea; después, todavía, lo que se sigue de que sea o no sea respecto de ella misma y respecto de las demás cosas, y viceversa qué se sigue en las otras cosas respecto de sí mismas y respecto de aquélla. Y extendiéndose en esto largamente, al fin Sócrates le dice: «Ardua tarea emprendes y no acabo de entenderte. ¿Cómo no pones tú mismo algo de tu cosecha sobre este método que tienes por bueno a ver si yo me aclaro más?» Responde Parménides que se la hace duro a él ya viejo. Por lo demás, Zenón aconsejó este proceder a Parménides cuando se está en un pequeño círculo, y en cambio no cae bien que un viejo trate cosas de éstas ante una multitud, pues muy pocos son los que comprenden que tales rodeos y abordajes son necesarios para alcanzar la verdad.

Vienen estas palabras de Zenón a corroborar plenamente lo que decimos, lo que se propone tratar Parménides. Así es si asentimos a Zenón cuando nos dice que al viejo no le cumple tratar esas cosas en una asamblea multitudinaria. Pero si, como ellos quieren, va a ventilar las cuestiones de las jerarquías divinas, del primer principio de todas las cosas, ¿qué tema más digno y del que menos tenga que avergonzarse el viejo? Mas si no queremos engañarnos, fuera de toda controversia está que el tema al que se refiere Parménides es el problema dialéctico, ni otra cosa pide de él allí Sócrates. Pero era esto para Zenón más oficio de joven que de viejo. Si no nos convence esto, recorramos todo el diálogo y veremos que no se afirma allí nada sino solamente se pregunta: si esto es así, ¿qué se sigue? ¿Qué si no es así? De aquí los académicos se han aprovechado para su opinión sobre el Ente y el Uno, tomando la primera hipótesis en el debate del problema, qué ocurriría, si todo fuera Uno, y se responde que sería indivisible, infinito, no existente en ninguna parte, y a vuelta de muchas cosas, entre las otras consecuencias se aduce aquélla, que el Uno aquel no sería Ente. Advierte también que si no se trata de un ejercicio dialéctico, sino de una doctrina sobre el Ente y el Uno, hay una buena diferencia entre afirmar que el Uno está sobre el Ente y afirmar que si todo es Uno, ese Uno no es Ente. Y del *Parménides* nada más.

En el *Sofista* lo que se afirma es que el Uno y el Ente son iguales, más que el que el Uno esté por encima del Ente. Porque no veo dónde diga esto ultimo y aquello es lo que significan las palabras: «Porque mirando la cosa así, confiesas que de necesidad el que dice algo dice un algo», y luego: «pero el que no dice un algo, necesariamente tampoco dice Uno, es decir, nada dice».

Esto, aquél. Son, pues, iguales para él, o, con más precisión, son lo mismo el no Uno y la nada, y el Uno y el algo. Después prueba que no se puede decir que el no Ente es Uno, y concluye: «El Ente no adviene al no Ente; luego el Uno no adviene al no Ente.» Habla del Uno del que antes había dicho que es igual a aquello que es algo. Se ve, por tanto, que tiene por inconcuso que el Uno es Ente. Pero sea; supongamos que Platón afirmó lo que ciertamente nunca afirmó. Examinemos en qué sentido pudo con verdad haber sido dicho, y pasemos por esta vía a echar los cimientos de la misma opinión aristotélica.

CAP. III: *Se prueba, con el testimonio de Parménides, Dionisio y Simplicio, que el Ente y Uno son recíprocamente iguales.*

Digo que el Ente, del que se cuestiona si es igual que el Uno, puede entenderse en dos modos. Primero, cuando decimos Ente, entendemos todo aquello que está fuera de la nada. De este modo usó Aristóteles cuando hizo al Ente igual al Uno. Ni le faltó razón en este modo de hablar. Porque, como se dice con verdad, debemos pensar como pocos, hablar como los más. Pensamos y opinamos para nosotros, hablamos para los otros, es decir, para la multitud, y hablamos para que nos entiendan. Y el vulgo y cualquier hombre medio, de tal modo entienden al Ente, que dicen que es Ente todo aquello a lo que no le falta el ser y que no se puede apellidar con verdad nada. Y los mismos que son reputados sapientísimos, los que piensan contrariamente a nosotros, vemos que usaron la misma expresión. Pues Parménides el pitagórico, cuando dijo que el Uno es lo que es, entendió con ello a Dios, si creemos a Simplicio y a otros muchos que tratan de defender a Parménides contra los que le calumnian, atribuyéndole la afirmación de que todo es Uno.

Pues a una voz responden que nunca creyó Parménides que no hubiera división, multitud, pluralidad en las cosas, lo que él mismo reconoce abiertamente en otros lugares de sus poemas. Sino que cuando dijo que es Uno lo que es, juzgó que es tan sólo Uno aquello a lo que le conviene de veras la apelación de Ente y que verdaderamente es, es decir, que el Uno es Dios. Por ello si creemos a Parménides y a sus defensores, aun los platónicos, el Uno sólo podría estar encima del Ente si está encima de Dios, y tan lejos está Parménides de negar que Dios sea Ente, que más bien concede a sólo Dios la denominación verdadera de Ente. Y así nos ocurre la solución del primer argumento de los platónicos.

Pero también Dionisio el Areopagita, a quien los que nos impugnan recurren como sustentador de su opinión, no negará que verdaderamente se dice por Dios en Moisés: «Yo soy el que soy», lo que en griego leemos: «Ego eimi o on», es decir, Yo soy el Ente. Mas aún, cuando ellos me dicen que la nada o el no ente se opone al Ente como al Uno la multitud, concederán necesariamente que lo que no es Ente es nada o no Ente, como lo que no es uno, es muchos o multitud. Por lo cual, si guardan la misma ley de la locución, habrán de confesar que Dios, o es nada, lo que horroriza los oídos, o que es Ente. Tomando así el Ente, aplicamos aquel primer axioma y enunciado universal que de cualquier cosa necesariamente se dirá que es o no es, y de ninguna se podrá al mismo tiempo decir o pensar ambas cosas. Pues como fuera de todas las cosas nada haya más que la misma nada, si el Ente tomado de este modo sólo excluye de sí la nada, preciso es que cobije bajo sí todas las cosas. Por lo que ni puede cobijar el Uno más cosas que el Ente, a no ser que cobije también la misma nada, lo que niega Platón en el *Sofista*, cuando dice que el no Ente o la nada no pueden decirse Uno. Si tampoco puede cobijar menos, como ellos quieren, por tanto, Ente y Uno son iguales.

CAP. IV: *Se declara cómo se puede decir de algo que es superior al Ente.*

Hemos explicado uno de los modos como dijimos que puede tomarse el Ente. Los que tal modo usan, como rectamente pueden usarlo, muy verdaderamente afirman que nada hay más común que el Ente. Resta aclaremos el otro, según el cual se hará manifiesto que puede, sin embargo, decirse que algo se coloca más arriba de la altura del Ente.

Los nombres unos son concretos, otros abstractos. Concretos: caliente, luminoso, blanco, hombre. Abstractos: calor, luz, blancura, humanidad. Y esta es la fuerza y la diversidad de las palabras, que lo que es abstracto denota lo que de suyo es, no por otro; lo concreto, por el contrario, significa lo que es, no por sí mismo, sino por beneficio de otro. Así, lo iluminado luce por la luz, lo blanco es blanco por la blancura, el hombre es hombre por la humanidad. Y como nada se participa a sí mismo, y como no puede ser de la misma condición la cosa que es por sí y la que es por participación de otra, se sigue que lo que se dice abstracto no puede denominarse por lo concreto. Por eso no se dice rectamente: «la blancura es blanca, la negrez es negra», mas aún sería ridículo el que tal dijera, no porque la blancura sea negra, o el calor frío, porque tan lejos está aquélla de ser negra y éste de ser frío, que todo lo que es blanco lo es por aquélla y todo lo que es caliente, por participación del calor es caliente. Así pues, negamos de algunas cosas convenir a otras, o porque éstas no las tienen, como cuando decimos que el negro no es blanco, o porque las tienen de un modo más excelente o con una razón más perfecta, la que significamos con tal locución, como cuando negamos que la blancura sea blanca no porque sea negra, sino porque, no sólo no es negra por ser blanca (lo que equivale a: tiene blancura), sino porque es la misma blancura.

Vayamos a lo nuestro. El Ente adopta la forma de nombre concreto; vale, en efecto, lo mismo decir Ente que lo que es. Su abstracto parece ser esta expresión: ser *(esse)*, de modo que se diga ente lo que participa del ser *(esse)*, como luciente se dice lo que participa de la luz y vidente el que posee el mismo ver. Si miramos con atención a la significación exacta de Ente, negaremos ser Ente no solamente lo que no es y lo que es nada, sino también aquello que de tal manera es que es el mismo ser *(esse)* por sí y de sí, y por cuya participación todas las cosas son, del mismo modo que no sólo negaremos que es caliente lo que carece de calor, sino también lo que es el mismo calor. Así es Dios, que es la plenitud del ser, que es sólo por sí y por el cual todas las cosas, sin intermediario, pasan al ser.

Según esta razón, pues, decimos verdaderamente que Dios no es Ente, sino Super-Ente, y que hay algo superior al Ente, a saber, Dios mismo, y por darle la apelación de Uno admitiremos, en consecuencia, que el Uno está por encima del Ente.

Llamamos entonces a Dios Uno, no tanto enunciando lo que es, cuanto el modo como es todas las cosas que son *(quomodo sit omnia quae sunt)* y cómo todas las otras cosas son por él. «Uno se dice Dios, dice Dionisio, porque es El singularmente todas las cosas» *(unice est omnia);* y también: «se dice Uno, porque es el principio de todo, así como de todos los números es principio la unidad». Por lo cual, si Platón en la primera hipótesis del *Parménides* (como quieren los académicos) afirma que el Uno es superior al Ente, no será aquel Uno otra cosa que Dios, lo que reconocen con asentimiento unánime admitiendo que Platón habla allí del Primer Principio de todas las cosas.

Dirá alguno, por este lado, al menos, disiente Aristóteles de Platón, pues Aristóteles nunca toma al Ente de tal manera que esté bajo el Uno y no abarque también a Dios, lo que hace Platón. Los que esto dicen no han leído a Aristóteles. Pues hace también él lo mismo y de un modo mucho más claro que Platón.

Pues en el libro sexto de la *Primera filosofía (Metafísica)* dice que el ente se divide en Ente *per se* y Ente *per accidens.* Dividiendo el Ente *per se* en diez géneros, ninguna duda, según los buenos intérpretes, de que no se contiene Dios debajo de este Ente, pues ni es Ente *per accidens* ni está comprendido en los diez géneros en los que se divide el Ente *per se.* También es corriente entre los peripatéticos la división del Ente en sustancia y accidente. Y si esto es así, de tal modo tomamos al Ente, que Dios esté por encima del Ente y no esté por debajo del Ente, como enseña Tomás en el primer libro del *Comentario a las Sentencias teológicas.* Añadiré que sin derecho se glorían algunos platónicos de poseer un misterio desconocido a Aristóteles, cuando dicen que son dos las denominaciones propias de Dios, a saber, Uno y Bueno, y que así Bueno y Uno preceden al Ente. Porque igual que mostramos que no se les oculta a los peripatéticos de qué modo se puede entender a Dios por encima de Ente, podemos también mostrar que Aristóteles dio a Dios primeramente estos dos nombres, Uno y Bueno. Pues el segundo [duodécimo] libro de la *Primera Filosofía*, después de dipustar de todo el Ente y de las inteligencias separadas, finalmente se pregunta (como volviendo después de todo lo demás a investigar las propiedades exclusivas de Dios) si además del bien que hay, a modo de ejército, en la universalidad de los entes, hay algún bien separado como en el capitán de ese ejército, y lo define ser. El cual bien Dios lo es, y consecuentemente prueba su unidad en el mismo capítulo, aduciendo en testimonio, después de otras buenas razones, el pasaje de Homero «eis kóiranos esto, eis basileus». ¿Dónde, pues, falso, dónde disonante de Platón Aristóteles? ¿Dónde impío? ¿Dónde sintiendo de Dios por debajo de lo que Dios se merece?

CAP. V: *En el que declara en qué sentido los peripatéticos atribuyen muchas cosas a Dios que le niegan los platónicos y muestra de qué modo por cuatro grados ascendemos a la tiniebla en que Dios habita.*

Disolvemos ahora las razones de los platónicos con las que no del modo como nosotros estamos de acuerdo, sino absolutamente en contra de Aristóteles sostienen que el Uno es superior al Ente. Y aunque de lo anteriormente dicho queda ya diluida la primera razón por la que se afirmaba que Dios es Uno y no Ente, sería del caso explayarnos con alguna mayor atención para demostrar que no sólo por platónicos y peripatéticos, cada uno por su parte, sino por un mismo autor pueden de Dios afirmarse y negarse con verdad muchas cosas.

Dios es eminentísima y perfectísimamente todas las cosas *(est omnia)*. Lo que no sería si no encerrara en sí las perfecciones de todas y no excluyera de sí cuanto implica imperfección. Ahora bien, podemos distinguir dos capítulos en la razón de imperfección en las cosas que existen. Uno cuando en la cosa hay algo que en el género de esa cosa es menos perfecto, otro cuando la cosa es en su género perfecta, pero no es simplemente perfecta porque tiene sólo la perfección de un género y fuera de ella hay muchos géneros de cosas abrillantados con sus perfecciones propias que no se incluyen en aquélla. Ejemplo del primero, el conocimiento sensible, que no sólo es imperfecto porque se queda en conocimiento y no pasa a ser también apetición, sino porque es conocimiento imperfecto, ya porque necesita del órgano tosco y corporal, ya porque sólo alcanza a lo superficial y no penetra en lo profundo de la cosa, a saber, en la sustancia. El mismo conocimiento humano que se dice racional es también imperfecto por vago, incierto, inestable y laborioso. Pon en la cuenta también el conocimiento intelectual de las inteligencias divinas que los teólogos llaman ángeles, también es imperfecto, al menos por el hecho de que busca fuera lo que no posee plenamente dentro de sí, a saber, la luz de la verdad de la que necesita y con la que se perfecciona. Mira la vida. Vida es la que hay en las plantas, más aún, en todo cuerpo, y es imperfecta, no sólo porque es vida y no conocimiento, sino porque no es pura vida, sino más bien una vivificación derivada del alma al cuerpo, siempre fluyente, siempre mezclada de muerte, más para ser dicha muerte que vida; porque, si no lo sabes, comenzamos a morir ya al comenzar a vivir, la muerte se prolonga con la vida, y no acabamos de morir hasta que con la muerte de la carne, nos libramos de este cuerpo de muerte. Y ni es perfecta la vida de los ángeles, la cual, si no fuere constantemente alimentada con el rayo vivificante de la divina luz, se esfumaría en la nada. Igual razón en las demás cosas. Cuando, pues, haces a Dios cognoscente, a Dios viviente, cuida bien de que el conocimiento y la vida que le atribuyes se entienda libre de esos lunares. Y no basta esto. Queda otra imperfección de la que te pongo un ejemplo. Imagina una vida perfectísima que sea, efectivamente, toda y pura vida, nada de mortal, nada de mezcla de muerte, que de nada necesita fuera de sí para permanecer en su ser firme y duradero. Imagina un conocimiento con el que se conozca todo y a un tiempo y con toda perfección. Añade aún esto, que lo conozca todo en sí mismo de modo que no busque fuera una verdad que conocer, sino que sea la verdad misma. Todavía una cualquiera de estas cosas, aunque en su género perfectísima y fuera de Dios no se puede dar, tomada, sin embargo, así, distinguidas una de otra entre sí, es indigno de Dios. Porque Dios es la perfección omnímoda e infinita, pero omnímoda e infinita no solamente por el hecho de contener en sí todas las perfecciones y todas infinitas cada una en su perfección. Pues no sería así ni él simplicísimo, ni serían infinitas las cosas que en él hay, sino que sería un infinito compuesto de muchos infinitos en número, pero finitos en perfección, decir lo cual o pensarlo de Dios es impío. Si, en efecto, ponemos en Dios la vida que es perfectísima, pero es todavía sólo vida y no es conocimiento, y si ponemos la apetición o voluntad que es perfectísima voluntad, pero sólo voluntad y no vida y conocimiento, y cosas semejantes, manifiestamente ocurrirá que la vida divina será de perfección finita, pues tendrá la perfección de la vida, pero no la del conocimiento, no la de la apetición. Quitemos, pues, de la vida, no sólo aquello que la hace imperfecta como vida, sino también lo que la hace ser sólo vida; y lo mismo hagamos con el conocimiento y con otros nombres semejantes con los que designamos a Dios, y lo que entonces quedará de todo ello necesariamente será aquello que queremos entender por Dios, a saber, Uno, Perfectísimo, Infinito, Simplicísimo. Y como la vida es un determinado Ente, la sabiduría también un cierto Ente, e igualmente la justicia, si quitas a éstas la condición de particularidad y de las terminaciones definientes, lo que resta no será este o aquel Ente, sino el mismo Ente, el simple Ente, el universal Ente, no con la universalidad de la predicación, sino con la universalidad de la perfección. Semejantemente la sabiduría es un determinado bien, porque es el bien que es la sabiduría y no el bien que es la justicia. Quita, pues, como dice Agustín, esto, quita aquello, es decir, quita la particular limitación por la que la sabiduría de tal manera es un bien que no es el bien que es la justicia, y parecidamente la justicia de tal modo tiene la bondad de la justicia que no tiene la que es propia de la sabiduría, y entonces, envuelto en enigma, verás el rostro de Dios, a saber, todo el bien mismo, el bien simplemente, el bien que es el bien de todo bien. Igual, la vida, como es un determinado Ente, así es un cierto Uno, pues es una perfección, lo mismo la sabiduría es una perfección. Quita la particularidad, te queda no este o aquel

Uno, sino el mismo Uno y simplemente Uno. Siendo, pues, Dios el que, como decíamos al principio, es todas las cosas *(omnia est)*, retirada toda imperfección, si de todas las cosas retiras la imperfección que tiene cada una dentro de su género, y la particularidad de ese su género, lo que te queda es Dios. Dios, pues, es el mismo Ente, el mismo Uno, el mismo Bien e igualmente el mismo Verdadero.

Hemos así adelantado dos grados subiendo a la tiniebla en que Dios habita, purificando los nombres divinos de toda escoria que les viene de la imperfección de las cosas significadas.

Nos quedan otros dos grados; uno, que detecta la insuficiencia de los nombres; otro, que delata la debilidad de nuestra inteligencia. Estos nombres, ente, verdadero, uno, bueno dicen algo concreto y como participado, por lo cual, de nuevo, decimos a Dios Super-Ente, Super-Uno, Super-Bueno, porque es él el mismo ser *(esse)*, la misma verdad, la misma unidad, la misma bondad. Pero todavía estamos en la luz y Dios puso en la tiniebla su escondrijo. No hemos, pues, llegado aún a Dios. En verdad, mientras lo que decimos de Dios también lo entendamos, lo comprendamos, se dirá de nosotros que estamos en la luz y tanto menos decimos y pensamos lo que es Dios cuanto supera su divina infinitud la capacidad de nuestra inteligencia. Ascendiendo, pues, al cuarto grado, entremos en la luz de la ignorancia y cegados por la tiniebla del resplandor divino, exclamemos con el profeta: «Desfallecí en tus atrios, Señor», diciendo de Dios lo único que al final podemos decir, que es ininteligiblemente, inefablemente sobre todo lo que con la máxima perfección nos es posible a nosotros hablar y concebir de él, poniéndole así eminentísimamente sobre la misma unidad, bondad y verdad que llegamos a concebir y sobre el mismo ser *(esse)*. Mirando a esto, Dionisio Areopagita, después de todo lo que escribiera en la *Teología Simbólica*, en las *Instituciones Teológicas* y en el *De los Nombres Divinos*, y en la *Mística Teología*, finalmente, al pie del libro, como quien ya se encontraba en la tiniebla, y, como podía, hablando santísimamente de Dios, después de otras cosas atinentes al caso, exclamó: «No es ni la verdad ni el reino, ni la sabiduría, ni uno ni unidad, ni deidad o bondad, ni espíritu, en cuanto podemos nosotros saber, ni le cuadra la denominación de hijo ni de padre ni es cosa alguna de las que caben en el conocimiento nuestro o de cualquier otro en el mundo, ni cosa alguna de las que no son, ni de las cosas que son; ni conoce las cosas que son como son, ni hay lenguaje *(sermo)* de él, ni nombre, ni ciencia, ni es tinieblas ni luz, ni error ni verdad, ni hay de él en absoluto afirmación o negación.» Esto aquel varón divino al pie de la letra.

Recapitulemos lo que hemos dicho y veremos que, en el primer grado, sabemos que Dios no es cuerpo, como dicen los epicúreos, ni forma del cuerpo, como quieren aquéllos que dicen que Dios es el alma del firmamento o del universo, lo que creyeron los egipcios, como escribe Plutarco, y también Varrón el teólogo, de donde a unos y a otros derivó un gran apoyo para la idolatría, según expondremos en otro lugar. Pero hay también algunos entre los peripatéticos tan obtusos que tienen por verdadera esta sentencia y se la atribuyen a Aristóteles. Observa cuánto se apartan del verdadero conocimiento de Dios quienes en la cárcel como si estuvieran en la meta, creyeron haberse encumbrado a las alturas de Dios cuando, con el pie en la tierra, aún no dieron un paso hacia él. Porque así ni sería Dios vida perfecta, ni Ente perfecto, ni entendimiento perfecto. Pero una opinión blasfema como ésta la combatiremos detenidamente en la quinta década de nuestra *Concordia*.

Aprendemos en el segundo grado lo que pocos alcanzan con acierto y en lo que más fácilmente podemos errar si un tanto así nos apartamos de la verdadera inteligencia, a saber, que Dios ni es vida ni entendimiento ni inteligible, sino algo mejor y más digno que todo esto. Pues todos estos nombres dicen una perfección particular cual no se da en Dios. Y comprendiéndolo así Dionisio y luego los platónicos niegan que se dé en Dios la vida, el entendimiento, la sabiduría y cosas semejantes a éstas. Pero como toda la perfección que en tales cosas hay, dividida y multiplicada, Dios la une en sí y la reúne en una única perfección, que es su infinitud, su deidad, que la es él, no como una cosa hecha una por la reunión de muchas, sino como una cosa anterior a aquéllas muchas, por eso otros, y principalmente los peripatéticos, a los que, en cuanto les es permitido, en casi todo siguen los teólogos de París, conceden que todo eso se da en Dios. Diciendo y creyendo lo cual no sólo hablamos y creemos según razón, sino lo hacemos concordando con los que lo niegan, con tal sólo que tengamos siempre presente aquello de Aurelio Agustín que la sabiduría de Dios no es más sabiduría que justicia, y la justicia no más que sabiduría, y la vida igualmente no más vida en él que conocimiento, ni el conocimiento más conocimiento que vida. Porque todas estas cosas en Dios son una cosa, no por confusión o por mezcla, o a modo de mutua compenetración de cosas distintas, sino por la simple, suma, inefable, fundamental unidad en la que todo acto, toda forma, toda perfección de tal manera, sobre todo

.

y fuera de todo, está encerrada en el que es primera y eminentísima cabeza de todo en los secretísimos tesoros de su divina infinitud, que no sólo es íntima a todos, sino más una con todas las cosas que ellas consigo mismas. Faltan en verdad las palabras, completamente por debajo aún de lo que se nos alcanza a pensar.

Pero mira, querido Angelo, qué locura nos domina. Mientras andamos en el cuerpo podemos amar a Dios más que hablar de él y que conocerle. Amar nos aprovecha más, trabajamos menos, le agradamos más. Pero preferimos ir por el conocimiento sin encontrar nunca lo que buscamos, más bien que poseer amando aquello que, sin amar, en vano incluso encontraríamos. Pero volvamos a lo nuestro. Te resultará ya claro cómo llamando a Dios unas veces mente y entendimiento y vida y sabiduría, otras, sin embargo, le pongamos más allá de todas esas cosas y que una y otra cosa verdadera y concordadamente se pueda sostener y probar, y que no se pueda decir que Platón disiente de Aristóteles porque en el libro sexto de la República ponga a Dios, a quien llama Idea del Bien, sobre el entendimiento y sobre los inteligibles, dando a aquél poder de entender y a éstos poder de ser entendidos, y éste, en cambio, es decir, Aristóteles, frecuentemente denomine a Dios entendimiento, inteligente e inteligible. Porque Dionisio Areopagita, cuando diga lo mismo que Platón, no negará, sin embargo, también con Aristóteles, que Dios no se ignora a sí mismo ni a las otras cosas. Y si se entiende a sí mismo, es entendimiento e inteligible, pues conoce y es conocido necesariamente lo que se conoce a sí mismo. Pero si tomamos las perfecciones, como hemos dicho, en particular cada una, y cuando decimos entendimiento significamos una naturaleza que tiende al inteligi-

176

ble como a algo fuera de sí, no menos que los platónicos negará Aristóteles constantísimamente que Dios sea así entendimiento e inteligible.

En el tercer grado algo más se nos aclaró cuando nos acercabamos a la tiniebla, a saber, que no sólo no imaginemos a Dios, con impío pensamiento, como algo imperfecto y como un ente defectuoso, como si se dijese que es cuerpo o alma del cuerpo, o animal compuesto de ambos, ni que le hagamos un género particular, por perfectísimo que lo supongamos, pensando a lo humano, como si le llamáramos vida, o mente o razón, sino que también le conozcamos como superior a aquello que indican los nombres universales que cubren todas las cosas, como lo uno, lo verdadero, el ente y lo bueno.

En el cuarto grado llegábamos a saber que él está no sólo sobre todo aquello, sino aún más sobre todo nombre que pueda formarse y sobre toda razón que pueda concebirse por nosotros, comenzando entonces a alcanzar un poco del conocimiento de él justamente cuando no le conocíamos en absoluto.

De lo cual puede colegirse que Dios no sólo es, según dice Anselmo, aquello más grande que lo cual no puede pensarse, sino aquello que es infinitamente más grande que aquello que puede pensarse, de forma que resultaría apropiada expresión lo que en forma hebrea cantó el profeta David: «El silencio es tu alabanza.»

Vaya esto como solución del primer argumento. De lo que no menos se nos abre una gran ventana para la legítima inteligencia de los libros de Dionisio que se titulan *De La Mística Teología* y *De los Nombres Divinos*, en lo que serán de evitar dos cosas; o hacer menos de lo que son las cosas allí escritas, y son grandísimas, o, estimando en poco lo que de aquello se nos alcanza, nos perdamos en sueños y comentarios inextricables.

CAP. VI: *En el que refuta el segundo argumento de los platónicos sobre la materia prima.*

Lo que objetan de la materia prima es insustancial. Porque en cuanto es ente, en esa medida es ella también una. Más aún, si quieren atenerse a las palabras de Platón con todo rigor, habrán de conceder que tiene aquélla menos razón de una que de ente. Porque no pretende Platón que sea absolutamente nada, si no, ¿cómo será receptáculo de las formas, cómo nodriza, cómo una cierta naturaleza, y otras cosas que asevera él en el *Timeo* que es? No es, pues, la pura nada, es decir, no del todo privada de la condición de ente *(entis expers)*, si creemos a Platón, quien por otra parte, en el *Filebo* la llama, no sólo multitud, la que, según ellos quieren, se opone al uno como la nada al ente, sino infinito. Pero la multitud, si es finita, no escapa en absoluto a las razones del uno, pues en lo que es finita es una. Y la multitud infinita tan lejos está de tener la naturaleza del uno como del límite. Así pues, la materia prima, según Platón, más es ente que una.

Bien al revés de lo que me querían probar los que me discuten, a saber, que la materia prima, sin ser ente, es una. También Jámblico platónico, en el libro que escribió *De la secta pitagórica*, llama a la materia prima dualidad por aquello de que la dualidad es la primera multitud, raíz ella de todas las otras multitudes. La materia prima, pues, según ése que es tenido por grande y como divino entre los platónicos, no sólo no es una, sino que es multitud y raíz de todo lo que hay de multitud en las cosas. Esto dijimos volviendo contra ellos sus objeciones. Por lo demás, ni es ella totalmente carente de unidad como ni de ser *(esse)*. Mas la exacta unidad la recibe de la forma misma de la que recibe el ser. Paso por alto lo que se discute sobre su unidad afirmativa o negativa; todo esto es conocidísimo al que se ha dado un paseíto siquiera una vez con Aristóteles.

CAP. VII: *En el que refuta el tercer argumento de los platónicos, sobre la multitud, y muestra que a los que dicen que el Uno es más común que el Ente, algo hay que conceder que niega Platón.*

Se engañan mucho en el tercer argumento. Porque no se opone la multitud al uno del mismo modo que se opone el no ente al Ente. Porque en esto último hay una oposición contradictoria, en aquello una oposición privativa o contraria, cosa de la que disputa largamente Aristóteles en el libro diez de la *Primera Filosofía*. Pero vean en qué dislate caen los que se llaman platónicos y dicen que el Uno es superior al Ente. Cierto, cuando dos géneros se relacionan entre sí de modo que uno está subordinado al otro como a más común, puede darse el caso de que algo se substraiga al ámbito del inferior y no se salga del superior. Precisamente por ello se dice más común. Ejemplo al canto, animal es más común que hombre, y puede darse algo no hombre, o no ser hombre, y, sin embargo, ser animal. Con igual razón, si el Uno es más común que el Ente, puede darse que algo sea no Ente, o nada, y que todavía sea Uno y así el Uno se predicaría del no Ente, lo que expresamente refuta Platón en el *Sofista*.

CAP. VIII: *En el que declara que estas cuatro cosas; a saber: ente, uno, verdadero y bueno se encuentran en todas las cosas por debajo de Dios.*

Es, pues, verdaderísima sentencia que hay cuatro cosas que abarcan todo, ente, uno, verdadero y bueno, si se entiende por ellas que su negación se traduce por nada, dividido, falso y malo. Se han añadido a estas cuatro otras dos, a saber, algo *(aliquid)* y cosa *(res)*; lo hicieron más tarde los seguidores de Avicena, quien intercaló muchas cosas en la filosofía de Aristóteles, lo que originó a aquél muchas contiendas con Averroes. Pero en el asunto presente poca discordia hay en la cosa misma. Dividen efectivamente éstos lo que se entiende por uno en uno y algo, lo que no está en contra de Platón, quien en el *Sofista*, entre las apelaciones comunísimas enumera también el algo *(aliquid)* y lo que se contiene bajo el Ente lo dividen en ente y cosa *(res)*. Pero de esto en otra parte. Estas cuatro cosas, para seguir lo comenzado, de un modo están en Dios, de otro en las cosas que vienen después de Dios, puesto que aquello lo tiene Dios por sí *(a se)* y las otras cosas lo tienen por él *(ab eo)*.

Veamos primero cómo están en las cosas

creadas. Todo cuando hay fuera de Dios tiene causa eficiente, ejemplar y final. De él, en efecto, por el y a él, todas las cosas. Si, pues, consideramos todas las cosas como constituidas por Dios eficiente, dícense entes porque participan del ser mediante la eficiencia de Dios. Si las miramos como ajustándose y respondiendo a su ejemplar, que llamamos idea según la cual Dios las creó, a saber, ente, uno, verdadero y bueno, algo, cosa (las dos últims añadidas por los seguidores de Avicena), se dicen verdaderas. Se dice imagen verdadera de Hércules la que se conforma con el verdadero Hércules. Si tienden a él como a su fin último, se dicen buenas. Y si cada cosa se mira absolutamente en sí misma, se dice una. Y este es el orden; primero, cada cosa es concebida bajo la razón de ente, pues primero lo tiene que hacer el agente antes de que sea algo en sí, si no, no sería dependientemente del agente todo lo que es segúń su ser. Con lo que tenemos que nada hay fuera de Dios, que, al concebirlo, no entendamos que es ente por otro *(ab alio)*; el ente finito es ente participado. Va, pues, el ser uno después del ser ente. En tercer lugar, la verdad; después que algo es en sí, ver si es tal cual responde al ejemplar según el cual fue formado; y si es semejante a él, será natural que, como a afín y doméstico se oriente a él mediante la bondad. ¿Quién no ve que todo esto se sitúa dentro de un mismo espacio? Si pones que algo sea, por necesidad será también uno. Pues quien no dice uno, dice nada, como apunta Platón en el *Sofista*. Porque es uno todo lo que no está dividido en sí mismo y está distinguido (dividido) de todo lo demás que no es él mismo; cuando decimos esto, entendemos uno, o usando las palabras de Platón, «es idéntico a sí mismo y distinto de los otros», lo que reafirma en el mismo diálogo convenir a cada una de las cosas. También es verdadero por necesidad. Pues si es hombre, es de verdad hombre, y lo mismo es decir que esto no es verdadero oro que decir no es oro. Si dices, en efecto, «no es verdadero oro», quieres decir: «parece que es oro y se parece al oro, pero no es oro». Por ello Aurelio Agustín, definiendo en los *Soliloquios* lo que es verdadero, dice: «Verdadero es lo que es», lo que no ha de tomarse como si ente y verdadero fueran lo mismo, pues, aun siendo lo mismo en la cosa, son por la razón y la definición diversos, por lo que no puede uno definirse por lo otro; lo que quiso expresar Agustín es que se dice cosa verdadera la que es lo que se la llama y se dice que es; como en el caso del oro, es verdadero oro cuando de hecho es oro y no otra cosa que oro. Esto es lo que viene a decir con el: «Verdadero es lo que es.» Lo que no advirtiendo algunos desvirtúan la definición.

De manera semejante es también bueno, porque todo lo que es, en cuanto es, es bueno. Y mucho yerra Olimpiodoro, según yo pienso, cuando pretende probar que una cosa es bueno y otra ente, por la razón de que lo bueno simplemente lo deseamos; no simplemente deseamos ser, sino ser bien; y por ello, si nos va a ir mal, no deseamos ser. Dejando aparte la cuestión de si aquéllos a los que les va mal y míseramente pueden según su recto y natural deseo querer no ser, no advierte que igual que hay múltiple ser *(esse)*, también hay múltiple bondad.

Es, en efecto, lo primero el ser natural de las cosas como en el hombre ser hombre y en el león ser león, y en la piedra ser piedra, al cual ser sigue inseparablemente la bondad.

Hay otras cosas que se pueden llamar adventicias como en el hombre ser sabio, ser hermoso, ser sano. Y como la sabiduría y la hermosura son entes distintos de la humanidad, también son bienes distintos. Porque una cosa es la bondad con la que el hombre es bueno, otra la sabiduría con la que no ya es hombre, sino se hace hombre sabio, lo mismo que ésta (sabiduría) es y se dice un ente, y aquélla (bondad) se dice y es otro ente.

Como, pues, todas las cosas tienden al bien, todas tienden al ser, y primero, ciertamente, tienden y apetecen aquella bondad que es consiguiente al ser natural, pues ésta es el fundamento de todas las bondades siguientes que advienen a aquélla, sin la cual no podrían subsistir. ¿Cómo, en efecto, va a ser feliz el que no es en absoluto? Lo que pasa es que no se contentan con aquella bondad que adquieren por sólo venir al ser, sino que quieren que vengan después las otras que completan y embellecen aquella primera. Y como verdaderamente decimos que, además y añadidas a la primera, anhelamos otras bondades, así también podemos decir que a más y después del primer ser *(esse)*, son deseados por ellos otros seres *(esse)*, porque una cosa es ser feliz, otra ser hombre. Y si alguien admite que es posible desear no ser hombre si no se es feliz, no se seguirá, como cree Olimpiodoro, que una cosa es ser bueno, otra ser ente, sino que una clase de ente es ser hombre y otra clase de ente la felicidad, y parecidamente, que una es la bondad del hombre, otra la de la felicidad, de las que una, a saber, la primera, no la quiere el hombre si no tiene también la segunda.

Omito la cuestión de si por la misma razón por la que algo se dice simplemente bueno, también se dice simplemente ente, o si por lo que este ente se dice un tal bien, se diga también del bien simplemente un tal ente; no vamos a discutirlo todo aquí.

Con verdad, pues, decíamos que todo lo que es en tanto es bueno en cuanto es. «Vio Dios todo lo que había hecho y era muy bueno.» ¿Cómo no? De buen artífice vienen que dejó impresa su semejanza en lo que de él procedió. En la entidad de las cosas, así pues, podemos admirar el poder del Dios creador, en la verdad honrar la sabiduría del artífice, en la bondad responder con amor a la generosidad del amante, en la unidad asumir la única, por decirlo así, simplicidad del Hacedor que unió todas las cosas, tanto unas con otras entre sí, como a todas consigo mismo, invitando a cada cosa al amor de sí misma, al amor de las demás y, finalmente, al amor de Dios.

Consideremos ahora sus opuestos a ver si se contienen igualmente en un mismo espacio. Que lo falso y la nada sean lo mismo lo demuestra lo que dijimos más arriba. El mal y la nada, si decimos que se distinguen, protestarán los filósofos igual que los teólogos; hacer, pues, lo malo es igual a hacer nada y suele decirse que el mal no tiene causa eficiente, sino deficiente. Con lo que queda rebatida la insensatez de los que pusieron dos principios, uno de las cosas buenas, otro de las malas, como si existiera un principio eficiente del mal. Y dividir una cosa es lo mismo que destruirla, ni podemos quitar a cualquier cosa su propia y natural unidad de modo que todavía su ser permanezca en su integridad. Porque no es el todo sus partes, sino aquello uno que surge de sus partes, tal como lo enseña Aristóteles en el libro octavo de la *Primera Filosofía*. Por lo cual, si divides el todo en partes, las partes permanecen, pero el todo mismo dividido no subsiste, sino que deja de ser en acto y sigue sólo en potencia, igual que, al revés, las partes que antes estaban en potencia comienzan ahora a ser en acto, puesto que antes, cuando se encontraban dentro del todo, no tenían unidad propia en acto; la obtienen sólo cuando, separadas del todo, subsisten por sí.

CAP. IX: *En el que declara cómo se dan en Dios aquellas cuatro cosas.*

Veamos de nuevo en qué manera se dan estas cosas en Dios, en el que no están por respecto a la causa que él no tiene, pues, sin causa él, es causa de todo. Bajo dos razones pueden considerarse estar en Dios, o en cuanto en sí mismo subsiste absolutamente, o en cuanto es causa de lo demás, distinción que no cabe en las cosas creadas en lo que concierne al tema presente, porque Dios puede existir sin existir como causa, y lo demás no puede existir sin ser causado por él. Por donde concebimos primeramente a Dios como la universalidad de todo acto, como la plenitud del mismo ser *(esse).* A la cual concepción de Dios de tal modo sigue el que sea uno, que ni concebirse pueda lo opuesto. Ve aquí cuánto yerran los que imaginan muchos primeros principios, muchos dioses. En seguida se ve que es verdaderísimo. ¿Qué tiene, en efecto, que parezca ser y no sea el que es el mismo ser? Consecuentemente será la misma verdad. Y también la bondad misma. Pues tres son las propiedades del bien, como escribe Platón en el *Filebo,* como perfecto, como suficiente y como deseable. Y será perfecto lo que así concebimos, pues nada le falta al que lo es todo. Será suficiente, pues a aquéllos que lo poseen, nada les faltará, dado que todo lo encontrarán en él. Será deseable, porque de él proviene y en él está todo lo que por alguna razón puede desearse. Dios, pues, la plenísima entidad, la indivisa unidad, la firmísima verdad, la dichosísima bondad. Esta es, si no me engaño, aquella «tetraktýs», o sea cuaternidad, por la que juraba Pitágoras y a la que llamaba el principio de la naturaleza siempre manante. Hemos demostrado, en efecto, que esas cosas que son el Dios uno, son el principio de todas las cosas. Y juramos por lo que es santo, estable y divino, y ¿qué hay más estable, santo y divino que aquellas cosas? Mas si damos a Dios, en cuanto causa de las cosas aquellas cuatro denominaciones, el orden todo se invierte. Porque primero será uno si se entiende ser en sí mismo antes que se entienda ser causa. Segundo será bueno, en tercer lugar verdadero, y en cuarto ente. Pues, siendo la causa que se dice fin anterior a la que es ejemplar y la ejemplar anterior a la eficiente (porque primero deseamos tener aquello con lo que defendernos de las inclemencias del tiempo, luego concebimos con la mente la idea de casa, finalmente la construimos con materiales haciéndola exteriormente); si, como dejamos asentado en el anterior capítulo, el bien se refiere a la causa final, lo verdadero a la ejemplar, el ente a la eficiente, Dios, como causa, tendrá la razón, primero de bien, luego de verdadero, finalmente de ente. Todo lo cual lo tocamos aquí de pasada, sin ocultársenos que da ello pie a muchas y graves cuestiones.

CAP. X: *En el que reconduce toda la disputa a la buena dirección de la vida y a la enmienda de las costumbres.*

Mas para que no estemos discutiendo para

otros más que para nosotros mismos, evitemos, al tratar de altísimas cuestiones, vivir en una condición baja, es decir, indigna de nosotros a quienes es dado, como don del cielo, el poder indagar hasta las razones de las cosas celestes. Pero hemos de meditar asiduamente esto, que nuestra mente, a la que las mismas cosas divinas se abren, no puede provenir de ninguna semilla mortal, ni puede encontrar su dicha en otra parte que en la posesión de las cosas divinas, y que tanto más se acercará a la felicidad, cuanto, peregrinando todavía aquí como advenediza, dejando atrás el cuidado de las cosas terrenas, más se alce y encienda hacia las divinas. Y parece que lo primero que la presente disputa nos amonesta es que, si queremos ser felices, imitemos a Dios, el más feliz de todos, poseyendo en nosotros la unidad, la verdad y la bondad.

La paz de la unidad se ve turbada por la ambición, y al alma apegada a sí misma la saca fuera de sí y la lanza a mil cosas, la dispersa y la desgarra. ¿Quién no perderá el esplendor y luz de la verdad en el cieno, en el antro oscuro de los deleites? La bondad nos la roba, rapacísima ladrona, la codicia, es decir, la avaricia. Pues lo propio de la bondad es comunicar con otros los bienes que posees, por lo que Platón, preguntándose por qué creó Dios el mundo, respondiéndose a sí mismo, «era bueno», dijo. Estas son aquellas tres cosas, a saber, soberbia de la vida, concupiscencia de la carne y concupiscencia de los ojos, que, como escribe Juan, son del mundo y no son del Padre, el que es la misma unidad, la misma verdad, la misma bondad. Huyamos de aquí, es decir, del mundo que está puesto en la maldad, volemos al Padre, donde está la paz unificante, donde la luz verísima, la dicha óptima. Mas ¿quién nos dará alas para volar allí? El amor de las cosas de arriba. ¿Quién nos las quitará? El ansia de lo que es tierra, que si vamos tras ello, echaremos a perder la unidad, la verdad y la bondad. Porque no somos uno si no atamos el sentido curvado hacia abajo y la razón mirando hacia arriba con el pacto de la virtud, y, en vez de ello, servimos como a dos príncipes dentro de nosotros alternativamente, unas veces a Dios, según la ley de la razón, y otras a Baal, según la ley de la carne, con lo que destruyen de seguro nuestro reino dentro de sí dividido. Que si de tal manera practicamos el ser uno que, sometida la razón al sentido, impera sola la ley de los miembros, falsa será esa unidad, porque no somos verdaderos. Se nos dirá que somos y aparecerá que somos hombres, es decir, animales que viven con la razón, y, sin embargo, seremos brutos, cuya ley es el apetito sensible. Trampantojo hacemos a los que nos miran, entre quienes vivimos. No responderá la imagen a su ejemplar. Pues somos hechos a semejanza de Dios, y Dios es espíritu, y nosotros, no ya espirituales, para usar la expresión de Pablo, sino animales. Pero si por la verdad, no nos apartamos del ejemplar, restará que por la bondad, tendiendo a él, alguna vez nos unamos con él. Y, pues, estas tres cosas a saber, lo uno, lo verdadero y lo bueno, siguen con broche perpetuo al ente, se sigue que, no siendo aquellas cosas, tampoco del todo seamos, aunque parezca que somos, y aunque se crea que vivimos, más es un continuado morir que vivir.

INDICE